丛书编委会

主　　编：王景辰

副 主 编：张羽芊　吴肖丽

委　　员（以姓氏笔画为序）：

　　　　　木　子　丛　静　冯　敏　刘　君　杜芳华　李海畅

　　　　　李曾明　杨汐诺　肖　冰　旷诺汐　何胜强　何德志

　　　　　张佳楔　张语菲　张　翠　陈创伟　陈　淋　陈碧磊

　　　　　姜雅馨　黄学军　崔钦芳　曾腾辉　褚慧诗

策　　划：吴肖丽　丁　斌

顾　　问：戚泽明

插　　画：蒋代婷

法律顾问：万传华　卢明哲

协助单位：清藤书屋驿浩美学团队和风番咨询

　　　　　九美鱼（广州）生物科技公司

　　　　　和风番中日文化传媒（广州）有限公司

美之鉴丛书

精准定位

让创业者不再迷茫

王景辰 著

暨南大学出版社
JINAN UNIVERSITY PRESS

中国·广州

图书在版编目（CIP）数据

精准定位：让创业者不再迷茫/王景辰著. —广州：暨南大学出版社，2022. 12
（美之鉴丛书）
ISBN 978 – 7 – 5668 – 3536 – 9

Ⅰ. ①精…　Ⅱ. ①王…　Ⅲ. ①企业管理—研究—中国　Ⅳ. ①F279. 23

中国版本图书馆 CIP 数据核字（2022）第 199733 号

精准定位——让创业者不再迷茫
JINGZHUN DINGWEI——RANG CHUANGYEZHE BUZAI MIMANG
著　者：王景辰

出 版 人：张晋升
责任编辑：曾鑫华　张馨予
责任校对：苏　洁　等
责任印制：周一丹　郑玉婷

出版发行：暨南大学出版社（511443）
电　　话：总编室（8620）37332601
　　　　　营销部（8620）37332680　37332681　37332682　37332683
传　　真：(8620)37332660（办公室）　　37332684（营销部）
网　　址：http://www.jnupress.com
排　　版：广州市天河星辰文化发展部照排中心
印　　刷：中华商务联合印刷（广东）有限公司
开　　本：787mm×1092mm　1/16
印　　张：13. 25
彩　　插：8
字　　数：252 千
版　　次：2022 年 12 月第 1 版
印　　次：2022 年 12 月第 1 次
定　　价：98. 00 元

本书编委会委员简介

王辽东

河南周口人

笔名：王景辰

中国政法大学法学学士

"咨询式作家"——通过自创的14种原点定位扫描术为众多企业家找到了清晰的战略定位和使命，通过深度陪伴的方式赋能一百多家企业实现战略经营反转和升维。

已公开出版的作品有：《专注与多元》（暨南大学出版社，2014）；《人性与机制》（中山大学出版社，2017）（合著）；《心之力》（中山大学出版社，2018）；《使命的力量》（中山大学出版社，2019）；《使命的力量Ⅱ：当下企业家的时代使命》（中山大学出版社，2021）；《日本料理遇见日本民歌》（暨南大学出版社，2022）。

张羽芊

广东广州人

女性生命热情使命定位导师

九美鱼（广州）生物科技公司董事长

14种原点定位扫描术导师

香港美发美容商会名誉会长

吴肖丽

江苏无锡人

《美之鉴》美学体系研究者、传播者

《美之鉴》系列作品策划人

生命成长定位扫描术导师

14 种原点定位扫描术联合创始人

致力于中国文化女性审美哲学研究

蒋代婷

上海人

毕业于西南大学艺术设计系

画意解意提频师兼使命定位导师

《使命的力量》系列作品访谈人兼撰稿人

编写团队作品介绍

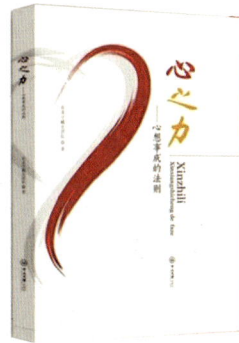

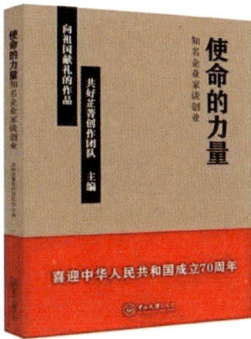

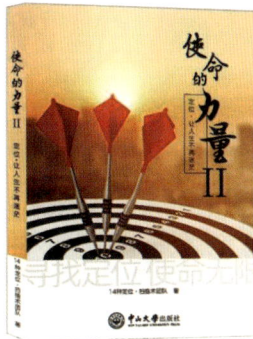

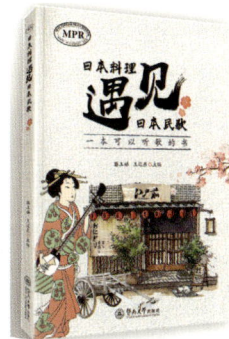

2020 年 2 月 13 日，和风番团队举办的"寻找企业家精神与使命"活动留念

2020 年 5 月 8 日，韩超杰团队来访留念

驿浩美学团队

（左一刘君，左二丛静，左三陈碧磊，中丁斌，右三陈创伟，右二肖冰，右一黄学军）

2021 年 7 月 14 日，王景辰、王泽润、丁斌、李曾明在为企业梳理战略定位

2021 年 8 月 9 日，驿浩美学代表与企业顾问一行合影留念

（左一邢美诗，左二丁斌，右二王景辰，右一李曾明）

2021 年 9 月 2 日，驿浩美学团队《美之鉴》美学研讨会现场

序 一

一次偶然的机会，我聆听了一位日本友人对《美之鉴》一书的心得分享。《美之鉴》讲的是如何观察一个人的美，并将美分为三个维度：一是远美看形；二是中美看态；三是近美看神。《美之鉴》："人之美，下美在貌，中美在情，上美在态。以镜为镜，可以观貌；以女人为镜，可以动情；以男人为镜，可以生态。无貌，还可有情；无情，还可有态；有态，则上可倾国，下可倾城。"由此可见中国古圣先贤的美学观及智慧影响深远。

目前，很多人的价值观已经变得畸形，持有物质至上主义、功利主义的错误价值观。很多人说："我要成功""我要改变命运""我要开豪车、买洋房""我要成为某某某"等。从这里可以看出，很多时候，人们错把物欲当成目标，甚至把其作为人生理想。如果一个人持有这样的信念与价值观，就难免会陷入焦虑与不安，因为他已经无法认识自己，自然也就迷失了自己。我很认同《美之鉴》作者的一个观点，那就是无穷的欲望和贪婪是一种精神病态。

本书所讲的特质扫描，说的是一个人的某一特质就是这个人的优势，一个人的优势就是这个人的发展方向。寻找自信力量之源可以从发现自己的天赋特质开始。当一个人寻找到自己的天赋特质，这个人就不会迷失方向，心就变得丰盛、有爱。这是一部帮助创业者寻找方向、激发内在引力的书，是一部完善人格、明确人生使命的书，是一部精准定位、成就人生的书。

丁 斌

2022 年 6 月 12 日

序 二

随着时间的推移，有很多人会看不清前行的方向，会对曾经的梦想感到力不从心，还有很多人会在追求财富的路上为钱、情、未来所困。

如何解决这些问题？如何认知生命，并找到生命的意义？这就需要赋予生命意义与价值。试想一下：如果一个人认为自己的人生没有意义、没有存在的价值，那么这个人还能有好的精神状态吗？笔者认为人想要有好的精神状态就需回归到修正自己的世界观、人生观和价值观上。

无论是做人还是做企业，使命是必修的课题。失败者之所以失败，是因为其在遇到困难或挫折时，长期处于低落甚至一蹶不振的状态，对生命失去了热情。成功者之所以成功，是因为其无论处于怎样的境遇，依然潇洒前行，一直对生命充满热情与能量。使命感是一个人应该具有的核心支撑力。一个没有使命感，心力交瘁、内心千疮百孔的人，是无法撑起一个闪亮的世界的。

看面相识人有没有道理呢？其实是有的，但这并不是所谓的玄学或算命，而是通过观察一个人的行为、表情、语言、神态等识别出他的人格或人品。

晚清名臣曾国藩对观人、鉴人非常有研究。在曾国藩成就一生功业的过程中，面相之术发挥了很大的作用。有这样一个故事：有一天，曾国藩在挑选门人，有三个人前来投奔，曾国藩分别看了三个人一眼。李鸿章问曾国藩对这三人有什么评价。曾国藩说："左侧之人可小用，中间之人可大用，右侧之人不能用。"李鸿章问其原因，曾国藩说："左侧之人眼神躲闪，畏畏缩缩，不敢和我对视；中间这人，我看他一眼，他也堂堂正正地打量我，说明此人心胸、气魄宽广；而右边的人左顾右盼，神色不端。"

曾国藩说的可大用之人就是后来大名鼎鼎的台湾巡抚刘铭传。一个人的精气神是可以反映在其相貌上的，就像中医能通过望、闻、问、切了解病人的病因一样，人的脸体现着人的情绪，而人的情绪又反映出人的修养。这种非凡的观人、鉴人的能力，普通人一时是难以掌握的。

本书是一本解决个人生命问题的工具书，它包含了系统解决问题的工具，这个系统具有逻辑性、客观性、分析性，通过一个个深度发问，"问醒"来访者。这种多维度的扫描、梳理、洞察不是灵光一现，而是通过严谨地逻辑推理，在偶然与必然中把握问题的根本。

"使命"一词包含利他、担当、责任感。我认为，人生最大的战略就是定位使命，人生最大的幸福莫过于在人生的旅途中找到了自己的使命，并履行使命、完成使命。当你找到了人生的使命，并真正发挥出使命的力量时，使命可以为你召唤出一切你所需要的资源与能量。

无论你愿意或不愿意，生命的田园里都会有各式各样的种子。但是如果你不去打理，就会杂草丛生。同样，我们的头脑里也有各种念头的"种子"，这些种子可能是好的，也可能是不好的。其实，在有限的生命里真正能做成的事少之又少，一生能把一两件事做好，并对社会有利、有贡献，就非常了不起了。

如何让创业者不再迷茫？如何走好无悔的一生？我认为，在有限的生命里，人最重要的任务就是找到自己的使命。

这是一部凝聚领袖能量精髓的书，是一部探寻"不定义成功"的自我价值与意义的书，是一部定位自我使命、成就未来商业领袖的书，是一部深度发问的书，就如书中所说："一切答案都在，只是问不到。"这不仅是一部定位书，更是一部"问醒"未知的自己的书。

寻找使命、定位使命、激发使命、见证使命是一件非常有意义的事。这是一个伟大的时代，一个"百年未有之大变局"的时代。在这个时代，我们要做最棒的自己，不负时代，不负此生。

吴肖丽

2022 年 7 月 22 日

序 三

改革开放 40 多年来，中国的快速发展使成千上万的人感到迷茫，伴随着中国的崛起，我们也需要重新寻找自己的定位。

古语说："金唯恐火力锤煅之不至。"磨难、挫折都是在锤炼一个人。人生的敌人不是挫折，而是甘于平庸且不抱希望的态度。

一个人的资产可能会有很多种。例如，有人认为现金、股票、金银珠宝等是资产；有人认为自己的经历，如教育背景、知识技能、人脉与圈层、声望与名誉等是资产；有人认为健康、朋友和家庭幸福是资产；有人认为纳税、为社会做贡献是资产；也有人认为人的天赋与品格、理想与追求、自我价值是资产。

人的核心资产到底是什么？如何让人生不再走弯路？如何处理好自己与他人的关系？如何寻找到自己生命的力量之源？答案之一就是找到自己人生的定位与使命。

一个人感到迷茫与困惑主要来自四个方面：一是可选择的太少；二是自己的能力不足以支撑自己的欲望；三是没有对需求进行排序或排序有误；四是没有聚焦，没有自己的"定位"。

人如何才能取得非凡的成就呢？答案之一就是找到自己的定位与使命。无论是创业者还是企业家，要想破解人生的种种难题，实现人生价值，就必须找到自己的定位与使命，在担当使命与责任中完善人格。

你或许会在这部书里找到自己前行的方向。

你或许会在这部书里找到激发自己内在引力的途径。

你或许会在这部书里找到实现丰盛人生的方法。

张羽芊

2022 年 7 月 12 日

目 录
Contents

精准定位

让创业者不再迷茫

第一章

扎根

第一节　如何应对环境的影响

开篇对话

启因先生问：景辰先生，您在给企业及个人做咨询时常会从来访者所处的环境问起。这是为什么呢？

景辰先生答：环境对人的行为、思想、思维等方面影响很大，关注人所处的环境就是关注人的现状。同时，环境是由人的行为创造的，即一个人行为的"着力点"在不断创造着环境。因此，做咨询时要先找到来访者的位置基准，我们常称这步为原点扫描。

　　一个人所处的环境对他的成长和人生影响非常大。俗话说："近朱者赤，近墨者黑。"好的环境可以成就一个人，不好的环境可以毁灭一个人。环境对人的影响是多方面的，包括事业、家庭、夫妻关系、孩子的教育等。人是环境的产物，要想从环境层面改变一个人是很难的。环境不仅会影响一个人的身体相貌，也会影响一个人的心态。例如，寒冷地带的人普遍鼻梁挺拔，而热带地区的人普遍鼻梁短矮，这些身体器官的差别与人生存的环境是有关系的。热带地区的人，如非洲人，普遍鼻梁短矮，是因为那里天气炎热，短矮的鼻梁有利于呼吸与散热。寒冷地带的人，如俄罗斯人，普遍鼻梁挺拔，是因为在吸进冷空气的时候，较长的鼻腔可以加热冷空气，减弱冷空气对肺部的刺激。再如，非洲人的皮肤普遍比较黑，这是因为他们受到紫外线的照射比较多。而寒冷地带日短夜长，人们受阳光照射的强度较小，皮肤就会比较白。环境不仅会影响人的身体器官，也会影响人的心态、情绪、性格。情绪与性格会影响一个人的决策，而决策又会影响一个人的成败，因此，环境能影响人的命运。那么，人到底受哪些影响呢？可以从环境、行为、能力、价值、信念、身份六个方面进行改变。这六个方面具体如下图所示。

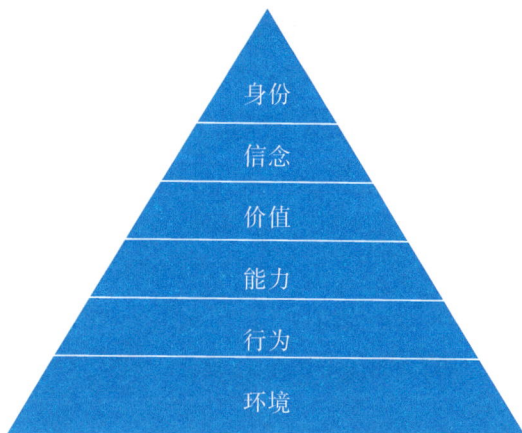

改变人的六个方面

一、从环境层面改变

环境会对人的认知产生很大影响。例如，如果你所处圈子的人总是带着负面情绪，那么你的世界就可能充满了负面情绪；如果你的朋友大多数是负债的，那么你也可能会是负债的。

人的一生被两种能量推动着：一种是被动能量，另一种是主动能量。被动是被外界或他人驱动的，被驱动者是痛苦的；主动是自驱动的，自驱动者是幸福的，成功者都是自驱动的。主动者会主动选择或创造环境。"孟母三迁"讲的是居住环境对一个人的世界观、人生观、价值观的影响。孟母三次搬家的目的是给孩子提供更好的成长环境。因此，人这一生要么改变环境，要么被环境改变。

二、从行为层面改变

一般情况下，改变环境难度很大，在群体的"意识洪流"中改变环境更是难上加难，因为影响环境的因素很多。想要改变环境，可以从环境的上一层面，即行为层面入手。古语说："性相近，习相远。"说的是人的本性是相近的，但由于个体生存环境的不同，因此，每个人的习性相距甚远。环境会影响人的行为，同时，人的行为也在影响着环境。例如，看到别人随地丢垃圾，自己也可能会受其影响而随地丢垃圾，但若不丢垃圾，而是主动捡垃圾或清理垃圾，这便是人的行为在影响环境。

言教不如身教，再好的想法都不如一次行动。

行为习惯对自身成长极为重要，真正决定我们人生成败的是我们的行为习惯。改变一个人的行为习惯有多难？就像飞机起飞一样，飞机起飞时是非常耗油的，但在飞上天空之后，到达一定高度就不太耗油了。同样，火箭发射时，在其上升的两三分钟内所消耗的能量比它在轨道中运行十几万千米消耗的能量总和还要多。因此，改变行为习惯最难的可能就是开始的那几天或十几天，这个时候只要你坚持下来，形成习惯，后面就简单了。

三、从能力层面改变

为什么要培养能力？怎样培养能力？

人类社会是一个相互协助才能生存的群体社会，那么人与人之间必然会因各种事情产生矛盾或问题，解决矛盾需要具备相应的能力。笔者认为能力不仅是指一个人的社会生存能力，也是人生载道之器也！例如：人的第一个生活环境是家庭，家庭关系是复杂的人际关系中的一种，既有感情关系也有利益关系，因此最难处理好。古语也常说："清官难断家务事。"如何才能处理好家庭关系，要看这个人能否承担起对家庭的责任，是否有足够的能力和智慧解决家庭成员的问题。

《大学》讲："大学之道，在明明德，在亲民，在止于至善。知止而后有定，定而后能静，静而后能安，安而后能虑，虑而后能得。"

在成长的过程中，人要逐步具备三个能力。第一个是"知"的能力，即认知事物的能力，例如：一个人阅读量、知识量及一个人对事物认知的广度与深度。第二个是"止"的能力，就是一个人做事要知道从哪里开始，到哪里结束，为什么要这样做，等等。第三个是"定"的能力，想要达成目标就需要有"定住"自己的能力，例如专注力、坚定的信念。

《中庸》对人的能力有更清晰的阐述，即"博学之，审问之，慎思之，明辨之，笃行之"。笔者认为当代人要拥有"三个能力"：发现与认知的能力，转化与应用的能力，聚焦的能力。人必须不断提升自己，才能改变环境。

四、从价值层面改变

言语和情绪能体现人的价值观。人的困惑、痛苦很人一部分源自价值观的不清晰或正确价值观的缺失。想要清晰地认识自己和理解别人，分析其所持的信念与价值观是一条捷径。

人与人的冲突，从表面上看，是对与错的冲突，其实质是价值观的冲突。价值观暗示了人的价值比较、价值选择和价值需求。

不同的人对价值的认知是不同的。例如，两个人坐高铁去北京，一个人从舒适的角度出发，觉得一等座更适合；而另一个人从性价比的角度分析，认为二等座更划算。

价值观的本质是价值需求与能力的匹配。虽然每个人所持的价值观不一样，但人都应当拥有正确的价值观，并能对自己的需求进行合理排序。就如人们应当认识到，婚姻不是我们的目的，生活才是，男女双方都应该对婚姻有大体相当的价值判断。每个人都应先了解自己所持的"三观"是什么。价值观是指一个人相信什么是对的，相信什么是有价值、有意义的。人的改变要从持有正确的"三观"开始，因为价值观会影响人的一生。

五、从信念层面改变

很多人认为自己被环境、事物所困扰，事实上，真正困扰他们的是看待事物的观念。世界上大部分人都在被自己生活的环境所改造，而不是主动改造自己的生活环境。环境对一个人的影响很大，但并不能完全塑造一个人，一个人所处的环境能揭示一个人的行为与信念的本源。

曾国藩说："盖君子之立身，在审其所处。诚内度方寸，靡所于疚，则仰对昭昭，俯视伦物，宽不怍，故冶长无愧于其师……"大意为一个人的立身之道与他所处的环境关系密切，精诚可以从内心度量，内疚会萎靡不振，光明磊落之时仰观万物、俯视世间，内心宽大而没有任何做作，在老师的面前便不会觉得惭愧。①

想要改变环境，得先改变自己的信念。当你急切想要改变自己所处的环境，内心却又不愿意完善自我时，无论你怎样努力，都难以除去心中的杂念。

"心能转物，物能转心。"必须在信念层面向内求。当一个人确立了自己的志向后，既不要去管有没有机会，也不要在意路途中出现的其他机会，把自己该做的事情一件一件做好，结果自然是水到渠成的。强大的信念来自强大的使命感，拥有使命感的前提是确立自己的志向。古语说："志不立，天下无可成之事。"建立正确、强大的信念与信条，找到自己的定位与使命，再将自己内在的信念与外界的环境相结合，才能真正走出困扰。

---

① 曾国藩. 挺经·冰鉴 [M]. 北京：中国友谊出版公司，2010：27.

六、从身份层面改变

人来到这世间，怎样使用这条生命呢？有使命的人与没有使命的人有什么不一样？为什么人需要给自己一个清晰的定位？为什么要赋予生命一种使命感？使命感又来自哪里？

使命感来自慈悲之心。人之所需、人之所急就是使命。使命感是唤醒人内在正向能量的种子，履行使命是解决终极生命问题的通道，使命是一种可以让普通人连接更大世界的思维能量。王阳明说："志不立，天下无可成之事；立志而圣则圣矣，立志而贤则贤矣。"生命是一场从"想"到"成"的旅途，这个身份不是当下的身份，而是生命终极想要成为的那个身份。就生命角度而言，每个人需要给自己一个定位：你到底想成为一个怎样的人？这个问题的答案才是决定并指引你前行的信念与价值观。人就是要为社会、为他人做贡献。使命可以召唤你所需要的一切资源与能量，使命可以为你连接更大的世界。人活一世，每个人都应该找到自己此生的使命与定位。

景辰先生点评

人是易受环境影响的动物。在不同环境中，人会养成不同的习性，但也会因习染成性而失去自由，看似是自主选择，实际都受贪嗔痴慢疑等习气所推动。从另一个角度来看，"我所遇见的都是我造的"。因此，我们要修的是心，要提升的是思维能力与洞察力。最重要的是找到人生的"定位"。

爱因斯坦说："所有困难的问题，答案都在另一个层次。"一直在同一个层次解决问题，可能会产生更多新的问题，真正解决问题的方法就是让问题不再是问题。例如，你小时候没有解决的问题，随着时间的推移，在五年、十年后便不再是问题了。因为你的思维境界高了，当初的问题已不算是问题了。当人生遇到糟心的事时，换一个时间、换一个空间、换一个角度，或许那件事就不算是事了。人生中发生的事情都能令你成长，是成就你完美人生的一部分。

第二节 修正行为会给自己带来巨大变化

开篇对话

启因先生问：景辰先生，您在给企业及个人做咨询时既会关注来访者的行为，也会向其提问类似于"接下来你想把更多的时间及精力放在哪里"这样的问题，这是为什么呢？

景辰先生答：一个人的行为的"着力点"在哪里，他的结果就在哪里产生，其行为又在不断创造着自己的环境。大多数人会感到迷茫、困惑是因为自己的能力不足，无法突破瓶颈。因此，一个人或一家企业的能力决定了自身会有哪些行为。

一、用行动破解困难与挫折

古语说："知者行之始，行者知之成。""知者行之始"是指实践是获取认知的必然途径；"行者知之成"是指只有实践才能出真知。这两句话阐述了实践和认知的关系：知行合一，实践是认知的开始，认知又是对实践的升华。"知"是指认知事物的能力，而"行"主要是指人的道德实践和行动。

每个人都是自己人生的行者，当然都会遇到各种各样的挫折。或许有些人年轻时立志考重点大学，结果连一本院校也没考上，只能勉强接受二本院校。大多数人都是在失败中向自己妥协，在挫败中否定自己，否定自己不是那块料，又不知自己真正是哪块料。

如何让自己谨言慎行？《列子》说："慎尔言，将有和之；慎尔行，将有随之。""慎尔行"指的是行为不能随便，"将有随之"指的是行为谨慎、不随便，自然有很多人追随你。① 作为企业或团队的领导者，在这个社会上讲话要小心、谨慎。人的每一个行为都是在播种，有的人是在种现在的种子，有的人是在种未来的种子，行为背后蕴藏着人的心路历程。有的时候人会感到迷茫，不知道自己这辈子应该干什么。把精力与时间或着力点放在什么地方，就会在什么地方产生结果。因此，人要有定力。但想要定住自己很难，这不仅是在管理自己的行为，也是在管理自己的心和信念。环境是由人的行为不断创造出来的，一个人具有什么样的行为就会创造什么样的环境。如果人能够在某一方面定住自己，坚持不懈地做下去，一生能做成一件事，就已经很了不起了。

人们常把调整或改变自己行为的方法称为"修行"，也称为"串习"，意思是重复修炼。如果一个人每天持续串习他的行为或想法，天长日久，这些行为或想法就会成为他的习惯，渐渐变成他内在的力量。一个人现在所呈现的状态就是他平常持续串习的结果，人生最大的觉醒是行动"事上炼"。

二、行为里隐藏着价值观及信念

环境是由行为不断创造出来的，而行为来自对价值的认知。价值认知影响或决定着行为，行为决定着结果。行为通常体现出人格特质。例如，幽默是一种人格力量，但如果用幽默去伤害别人，它就不再是人格力量了，只有符合道德规范的幽默才是人格力量。正确的行为价值观能够帮助我们达到有价值的目的，可以使整个行为过程更加专注和享受。当人按照自己的人格力量行动时，就会充满活力和动力。并不是说不应该培养其他力量，而是应该更加专注于人本身的力量，因为人格力量能够使人获得最大的成长和发展。

就所选择的事业或工作而言，有些人只是把它当成生存下来的一个选择，但那些能够把它视为使命的少数人，他们的动力来自实现自我价值及社会价值的目标。无论是清洁工、老师，还是银行家，他们选择的既是工作，也是使命。

人最好的工作就是听从自己的内心选择。当人追求自己热爱的事业、追求自我和谐的目标时，才能真正地享受生活，才能将世界变得更美好。甘地曾经说过："在这个世界上，如果你想看到一些改变，那么首先是你先成为那个改变。如果你想让世界更快乐，就要先从自己做起。"

想要成为什么样的人，在很大程度上取决于自己的价值认知。基于自己对价值的认知，会做出相应的行动，就会有相应的结果。

---

① 南怀瑾. 列子臆说：中册［M］. 上海：复旦大学出版社，2017：15.

因此，行为在不断创造着环境，现在的行为不仅是创造现在，而且还在创造未来。

景辰先生点评

企业是企业家人格的延伸，企业品牌的竞争是企业家人格的博弈，是企业家心力的比拼，是企业家格局的较量。一切行为最终创造的核心竞争力是企业家精神，人的核心资产是人格。

行为扫描发问

1. 你现在主要忙什么事或做什么工作？
2. 接下来你想把更多的时间放在哪一方面？
3. 为了实现这件事，你觉得"着力点"应该放在哪里？
4. 做了这件事，世界或社会会有哪些变化？
5. 你对自己现在所做的事情的热情打多少分？
6. 分享自己做得最有成就感的一件事。

第三节　真正的运气是有足够的实力

开篇对话

启因先生问：景辰先生，您在给企业及创业者做咨询时会对能力层进行发问与梳理，会分析企业或创业者的特质、特长及核心竞争力等。例如，会问"接下来你最想突破的地方是什么"这样的问题，这是为什么呢？

景辰先生答：一家企业或一位创业者之所以会遇到迷茫或困惑，是因为其能力受限或能力与目标不匹配。表面上看是能力受限导致的，其实往更深处分析，可能是其价值观出了问题。这些企业或创业者不知道或忘记了驱动力在哪里，不知道哪里才是核心，没有聚焦核心，没有在核心上发力。

人生有两种痛苦：一是身体上的痛苦，如伤痛及疾病带来的病痛；二是精神上的痛苦，包括不良情绪及心理创伤带来的痛苦，以及关于对事业的判断和选择上的痛苦。对当代多数人来说，精神上的痛苦就是犹豫不决的判断和选择，从某个角度来说，犹豫是一个人良好精神状态的杀手。对人生的痛苦来说，一是没有选择的能力；二是没有改变的能力。

对于这个问题，我们可以从以下四个方面来解释：

一、无意识无能力

我们可以借用《西游记》中的故事来比喻。在《西游记》中，早期的孙悟空只是一只普通的猴子，整天跟猴兄猴弟们一起玩耍。孙悟空凭着自己的聪明及敢于挑战、冒险的勇气，带领猴群进入水帘洞，并在此安家，过着无忧无虑的生活。直到发现有同伴死去，孙悟空才意识到生命是有限的。又如，以前农村里的农民们都过着日出而作、日落而息的生活，日复一日，只有当村里有人外出打工赚到了钱，买了电视机、摩托车时，这些农民才意识到原来外出打工的收入比种田要高，于是打工潮就慢慢出现了。因此，人们在无意识的条件下，也就没有了某一方面的能力。

二、有意识无能力

人生是怎样一回事？可以说，大多数人都是在欲望的满足与不满足之间不断摇摆。欲望得不到满足时，就会痛苦。想要满足欲望，就得拥有能力或本领，于是，人就会围绕着自己想要得到的东西而不断提升自己的能力。孙悟空在人生的第一阶段也是这种情况，当意识到这一问题后就去提升自己的能力。同样，当一个人拥有想要的东西或满足了自己的欲望之后，可能会变得无聊。孙悟空在拥有能力后，回到花果山，发现猴群遭受其他有能力的混世魔王的欺压，就用自己的能力征服了欺压猴群的魔王，还与他们结为异姓兄弟。人在欲望的满足与不满足之间不断摇摆，当想拥有更多的时候，对能力又有了新的要求，于是人就从有意识无能力开始向有意识有能力努力。

三、有意识有能力

现在社会上一些人常说"读书无用"，但其实读书最重要的不是改变命运，而是提高人的素质和能力。一个人没有素质和能力，就连改变命运的基础都没有。因此，一个人命运的真正改变不是自己碰到了好运气，而是你的素质和能力在决定着你的机缘及智慧能达到什么境界。

猪八戒的形象象征着一个人的本能欲望，《西游记》中对猪八戒的描写是"贪吃贪睡、见利而动、无利则止"。就如芸芸众生在追求物质层次的欲望时一样，猪八戒被自己的物质欲望支配着，哪里有利可图，就跟随着自己的物质欲望走向哪里。人想要不受欲望支配，就得学会克制与忍耐。把自己与欲望相分离，这一点沙僧就做得很好，无论什么时候都能把控好自己的内心和行为，能守好自己的本性，不受外界利益诱惑，也不受他人影响、干扰。

另一个管理欲望的方法是用欲望打败欲望，有时需要用更大的欲望来引导欲望，如为追求更高、更大的目标，集中精神专注于一个方向。西天取经过程中，白龙马就是用专注的意志打败或控制住自己的欲望。其实唐僧也曾有欲望，在女儿国那一集里，女儿国国王问唐僧为何甘愿守孤灯伴古佛，不愿享人间荣华富贵，唐僧的回答是"西天取经正是为了解救芸芸众生，使世上不再有杀伐纷争，使人间不再有怨女旷夫"，由此可见唐僧内心的杂念已转化为更大的使命。

四、无意识有能力

如果能力没有规则约束，那么拥有的能力越大，带来的破坏就越大，这就是要把权力关进制度的笼子里的原因。孔子说："七十而从心所欲，不逾矩。"自认为能力强大的孙悟空显然不明白这一道理，把天庭闹了个底朝天，即使自己有能力从八卦炉中逃出来，但最后还是被佛祖压在五行山下。"五行山下定心猿"，孙悟空开始反省自己的人生。

终于有一天，孙悟空等来机会，遇到了唐僧要从长安出发去西天。唐僧虽然没有孙悟空那样的本领，但他可以管理好自由意识的信念与使命，这一点是孙悟空所不具备的。因此，意识的能量是可以引导或指引能力的。再换一个角度，使命是可以召唤一切能量为人所用的。唐僧用了十四年时间走了五万里，终于到达目的地取得真经。事实证明，使命的力量可以克服一切困难，可以化解人生诸多不顺。

现在的一些企业家，在面临不顺时，真的需要静下心来思考自己如何安身立命。不能满足老百姓的需求，不能为老百姓分忧，不能为老百姓着想，不能解决民众的痛点，是没有出路的。若创业者或企业把其信念与使命感融入真正为社会大众、为国家民族事业而奋斗的工作中，那么其就处于无意识有能力的境界。因为使命与利他是人类发展的"势"，也就是解决人民日益增长的美好生活需要和不平衡不充分的发展之间的矛盾，即不断满足人民日益增长的美好生活需要的"大势"。"大势"也代表"大道"，进入这样的"大道"里，就如无人驾驶汽车不需要驾驶员也能到达目的地一样。

如果一个人在有意识有能力的层面上，想去哪里，就可以按照自己的意识开车去到你想要去的地方。但如果你是一个国家的总统，那么即使你不会开车，你也可以去到你想要去的地方，因为下属会安排好你的出行。因此，拥有更大的能力是一切为你所用的前提。

有的人选择去算命，如古人说："善易者不卜。"真把《易经》学通了的人不卜卦、不算命、不看风水。同时古人也讲过："察见渊鱼者不祥。"一个人能够精明到把水里的鱼都看得很清楚，那是不吉利的。古人用"察见渊鱼者不祥"说明聪明滥用者不智，万事先知，并不吉利。真正睿智的人决不轻用自己的智慧来处理小事，而是集思广益、博采众长，然后有所取舍。想拥有更高的智慧，需要多听听别人的意见，把他人的智慧转变为自己的智慧。

景辰先生点评

笔者认为一个人的信心与能量往往产生于六个方面：

（1）努力付出而得到回报后形成的自我价值认可；

（2）发现或寻找到自己生命的热情或喜欢的事业；

（3）在某一领域具有优势；

（4）拥有了坚定的人生信念与价值观；

（5）清晰了解自己人生的定位与使命；

（6）生命深刻情感的迸发（例如：生命的深刻感动、感恩、觉醒等）。

第四节　价值观是生命的根基

开篇对话

启因先生问：景辰先生，您在给企业及个人做咨询时会关注价值观，对价值观进行发问与梳理，同时会分析企业或个人应持怎样的价值观。这对企业及个人有怎样的帮助呢？

景辰先生答：一家企业或一个人遇到迷茫或困惑，表面上是能力受限导致的，其实就是价值观不清晰。一家企业或一个人所持的价值观不清晰，就会偏离目标，也就是常说的"跑偏了"，其所拥有的能力也很难发挥得好。

一、人与人之间的冲突很多时候是价值观的冲突

习近平总书记曾强调，如果第一粒扣子扣错了，剩余的扣子都会扣错。人生的扣子从一开始就要扣好。① 可见价值观对人具有重要的指导意义。新冠肺炎疫情暴发以来，许多企业受到不同程度的影响。在疫情常态化经营环境中，企业家、创业家们如何面对迷茫、挫折与危机，不仅考验经营者的智慧，也检验企业的经营理念与价值观。

面对电商及网络直播等新媒体的冲击，很多企业家叫苦连连，说："这个时代没有多少机会了。"要解决这个问题不仅要从企业的产品定位、经营、创新等多个角度着手，还要树立清晰的价值观。而价值观的"原点"就是"为人民服务"。扎

---

① 2014 年 5 月 4 日习近平总书记在北京大学考察时对青年学生的讲话。

根于人民，为老百姓服务才是企业价值观的根基。

随着法治的不断完善，社会管理体系不断透明化，在这个时代胜出的企业家最后靠的一定是清晰、明确的价值观。同样，在物质极其丰盛的时代，一个社会如果不能在价值观上进行引导，不能在价值观上寻找共振，就无法与人民大众在情感上产生共鸣。一个人唯有确立了清晰而坚定的价值观，才不会被社会潮流推着走。

二、发挥价值观的力量

改革开放以来，中国取得了令世界瞩目的伟大成就，成为世界第二大经济体。中国奇迹是很多经济学家、政治家、哲学家研究的课题。世界上没有任何一种模式、任何一条路径与中国的相同，因此中国模式是世界上独一无二的。中国"摸着石头过河"的强大力量是什么？中国渡过改革深水区靠的是什么？靠的就是社会主义核心价值观，它指引中国坚定不移地走自己的发展道路，创造伟大的成就，它以人民幸福指数为目标，这不但符合世界现代化建设的潮流，也是中国共产党人的追求，人民的福祉体现了社会主义的真谛。中国共产党的使命：实现中华民族的伟大复兴。"两个一百年"奋斗目标：在中国共产党成立100年时全面建成小康社会，在新中国成立100年时建成富强、民主、文明、和谐、美丽的社会主义现代化强国。

信念与价值观层面包括：

（1）有梦就有蓝天，相信就能看见。

（2）人民有信仰，民族有希望，国家有力量。

（3）梦想是激励人们奋发前行的精神动力。

（4）空谈误国，实干兴邦。

党的十八大报告提出，倡导富强、民主、文明、和谐，倡导自由、平等、公正、法治，倡导爱国、敬业、诚信、友善，积极培育和践行社会主义核心价值观。富强、民主、文明、和谐是国家层面的价值目标，自由、平等、公正、法治是社会层面的价值取向，爱国、敬业、诚信、友善是公民层面的价值准则，这24个字是社会主义核心价值观的基本内容。

中国共产党建党的初心是为中华民族谋复兴。我国那时是半殖民地半封建社会，人民生活在水深火热之中。正是因为中国共产党有了"要让人民当家做主"的决心，才能有"打土豪分田地"的好政策。中国共产党带领贫苦的老百姓，打倒压在中国人民头上的"三座大山"。世界进入新时代，能够对标美国的"民主与自由"口号的就是中国的"人类命运共同体"，这是从中国5 000年的文化积淀中提炼而来的，是中国对世界最大的贡献，是比"民主与自由"更高维度的使命定位。

三、中国企业家的历史使命与价值观

作为企业家，企业未来的出路在哪里？如果没有清晰的使命和价值观，那么企业未来的路会很难走，价值观在个人或企业的发展上具有指引的作用。

在企业经营上，如果一家企业或一个团队在价值观上不一致，就会出现"表面上大家处于同一个世界，但精神层面不在同一个世界"的现象。这样的企业或团队在前行的路上会出现不同层面的冲突或矛盾，企业发展之路很难走得更远。

华为员工守则中把"艰苦奋斗、自我批判"作为企业价值观，华为创始人任正非说："做百年老店是非常困难的，最主要的是要去除惰怠。去除惰怠，对我们来说是挑战。所以我们强调自我批评，就是通过自我批评来逐渐去除自我惰怠，但我认为这并不容易，革自己的命比革别人的命要难得多。"

四、人所持的价值观各不相同

人与人的矛盾表面上是对与错的对立，实则是价值观的对立。例如，夫妻俩闹离婚，会把原因归结为"三观不合"，也就是说，对于同一件事一方认为是对的，而另一方认为是不对的。人与人之间的矛盾实际是价值观的冲突，一个人想过这样的人生，另一个人想过那样的人生，到了最后，大家想要的人生是不一样的，生活环境也是不一样的。每个人生活的环境不一样，所认识的圈子也不一样。因此，人们常说："圈子不同，不必强融；三观不合，不必同行。"意思就是说，不是一路人，就不要结伴走；三观不一致，就不要在一起。所谓的三观，是指世界观、人生观和价值观。三观一致的人，未必是兴趣相投的人，而是相互理解、懂得彼此的人。

景辰先生点评

人生路上遇到顺境的时候，你得到的都是恭维和赞叹，可能就会觉得自己没有嗔心了，会自我感觉很好。但某一天，有人伤害你之后，你会发现原来嗔心还在，只是之前没有机会显现出来而已。这个时候，你就会发现逆境可以帮助我们认识自己。

一个人确立正确的价值观非常重要，这不是单纯、形而上的哲学问题，而是生活现实问题，关系到每个人的切身利益。因为我们的每一个念头、每一个行为、每一个选择都受价值观的牵引，价值观的影响无所不在。

　　因此，改变人生要从提升认知、树立正确的价值观、建立正确的知见开始。儒家思想作为中华优秀传统文化，具有系统的完善人生、人格的价值体系，能够帮助我们建立完善的世界观、人生观、价值观。

价值观扫描发问

1. 对你来说，最有价值与意义的事情是什么？
2. 在工作中，你的成就感来自哪里？
3. 在生活中，你在什么时候感到最快乐？
4. 你未来想成为一个怎样的人？
5. 你对事业的五年规划和十年规划分别是什么样的？
6. 你平常喜欢别人怎么称呼你？未来希望别人怎么称呼你？
7. 你最想听别人对你说的一句话是什么？
8. 假如你有 10 亿元或 100 亿元，你最想做的事情是什么？

第五节　信念蕴藏着巨大的能量

开篇对话

启因先生问：景辰先生，您在给企业及个人做咨询时会关注信念，并对其信念进行发问与梳理，信念对个人及企业有怎样的帮助？

景辰先生答：无论是一个人还是一家企业，唯有信念清晰，才能"精力善用"，信念里面隐藏着"要成为谁"的种子。企业或个人遇到的困难，其实解决的方法有很多，但一切都要回到一个"原点"，就是要问自己愿意相信什么，愿意坚定什么。

在中国共产党成立100周年之际，有人问：中国共产党的成功靠的是什么？答案就是始终坚守为人民谋幸福、为民族谋复兴的初心和使命，这是中国共产党团结带领全国各族人民顽强拼搏，创造富强、民主、文明、和谐、美丽的社会主义国家的强大信念。作为当代企业家，要学党史、感党恩、跟党走。学习党的历史，是企业家洗涤思想、净化灵魂的必由之路。特别要向中国共产党学习，把企业的使命、愿景、价值观与国家、民族的使命紧密联系在一起。

一、信念与价值观的力量

信念与价值观蕴藏着巨大的能量。有这样一个关于信念与价值观的故事：有一个正在建设的工地，工地上的砖头总是被附近的村民顺手拿走。这个事情让工地的管理人员很头痛。有一天，这位管理人员灵机一动，就在工地砖头旁边竖了一个牌子，上面写着三个字"盖庙用"。从此，这个工地就再没有丢失过砖头了。

砖头为什么不丢失了？这是信念与价值观造成的。人或社会的价值观取决于其所持的信念。也就是说，行为背后是有动机的，这个动机就是信念。

　　了解人或社会的价值观，就要了解其所持的信念，信念发挥着人所认为的意义与价值。同样，人生因有信念而让生命更有意义、更有力量。价值观是人们判断事情的意义和价值的思维取向。价值观是企业的地基，决定了一家企业是否经得起风吹雨打。对于一家企业或一个团队，要想推动员工或成员前行，就要在其价值观上下功夫。价值观是人生观决定的，也就是说，一个人想要怎样的人生，就会产生相关的信念、信条、规条。规条的存在完全是为了取得事情的价值和实现有关的一些信念，规条涉及有关事务的组织安排和活动。决定人生观的是世界观，世界观代表着一个人带着怎样的信念去看待这个世界，其所持的信念与信条对世界观来说特别重要。

二、不同的信念造就不同的价值观

　　有一个关于"食人魔"的传说。相传食人魔喜欢吃人，经常下山抓人吃，人们都非常害怕他，求佛陀能收了这个食人魔。一天，佛陀来到食人魔的藏身处。食人魔怒道："敢来我这里，我会吃人，连你也一块吃掉。"佛陀说："我不是来和你比法力的，有一种让东西更好吃的方法，你想不想知道？"食人魔说："真的吗？"佛陀说："是的，你只要在吃东西之前，念一遍我教给你的咒语就会了。"之后，食人魔学会了咒语，但在念完咒语后，食人魔就再也不吃人了，成了守护一方的正义使者。

　　这或许就是度化人的智慧，从信念和价值观上去教化一个人。

　　每个人所持的信念都不一样。了解他人的世界观、人生观、价值观，从信念上洞悉对方的需求，根据情况给予帮助。通常来说，一个人拥有怎样的信念就拥有怎样的人生，一个人的动机与意图是其所持信念的呈现。一个人的信念是由他所处的环境和位置决定的，不同的人有不同的信念和价值观，这是由个人的成长环境和社会实践共同塑造的。价值观引导人提高自己的能力，人的能力在不断塑造着自己的行为方式，而人的行为方式又反过来不断影响着自己的环境。

三、降伏百万大军并不伟大，降伏自己才伟大

　　信念里面藏着人的动机、意图、需求。人到底如何才能清晰地定位自己呢？人生就像一个三角形，到底是从最高处看下去，还是从最底层往上看呢？每个人定的点都不一样，站在宇宙高点看到的就是生命价值与信念，生命最重要的就是找到自己的使命。当生命有了使命时，就好比从最高点发出宇宙信号，给自己种下一颗灵

魂的种子，让自己长成参天大树，即明确自己的需求，找准自己的位置，确立自己的目标，之后就是不断地努力，从而实现自己的目标。金无足赤，人无完人，每个人的身上都有优点和缺点。人穷尽一生都很难把知识学完，与其花时间补自己的短板，不如花时间发挥自己的长板，把自己的长处发挥到极致；与其改变别人的思维和行为，不如把时间用在提升自己上，学习自己需要的知识。仔细留意不难发现，每个人的改变从来不是因为别人，而是自己的想法发生变化后主动做出了改变。因此，想要改变别人，最好的方式就是先改变自己，再用自己的行动潜移默化地影响和引导别人。当一个人知道自己的使命的时候，使命就可以为其召唤所需要的资源与能量。

景辰先生点评

每个人成长的环境、经历不同，导致每个人的性格不一样，想法不一样，感悟也不一样。人们的有些想法和思维是顽固不化的，改变的可能性几乎为零。释迦牟尼说："降伏百万大军并不伟大，降伏自己才是世界上最伟大的。"作为当代企业家，要修一颗"内圣外王菩提心"，要对自己的事业有清晰的定位，管理好团队的信念与价值观，承担起更大的历史使命。使命如前行的一盏明灯，如前行的路牌，如海上的灯塔。企业家要贡献于社会，贡献于国家，贡献于人类，无愧于时代。

第六节 破解"身份"的焦虑

开篇对话

启因先生问：景辰先生，您在给企业及个人做咨询时会关注身份，并针对身份进行发问与梳理，明确与身份相关的问题对个人及企业有怎样的帮助呢？

景辰先生答：无论是一家企业还是一个人，所做出的决策都与其身份有关。企业或个人迷茫的原因之一就是对自己现在及未来的身份定位不清晰。身份包括企业或个人的思维方式、战略起点与终点等，唯有解决企业或个人的身份问题，才能更好地在技术、资源、能力等方面进行突破。

从古至今一直流传着"三个老汉想做皇帝"的笑话，为什么到现在它还有存在的价值呢？因为它对现实有很强的讽刺意义。

有三个老汉聚到一起聊天，聊着聊着就聊到了皇帝。第一个拾粪的老汉说："如果我当了皇帝，我就下令这条街东面的粪全部归我，如果其他人去拾就派公差来抓。"第二个砍柴的老汉瞪了第一个老汉一眼，说："你就知道拾粪，皇帝拾粪干啥？如果我当了皇帝，我就打一把金斧头，天天用金斧头去砍柴。"第三个讨饭的老汉，听完后哈哈大笑，眼泪都笑出来了，说："你们两个真有意思，都当了皇帝了，还用得着干活吗？要是我当了皇帝，我就天天坐在火炉边吃烤红薯。"这些老汉们就是想坏了脑子，也不知道皇帝是如何生活的。很多人一生都受身份的影响而无法提高认知。例如，企业家是做什么出身的，他的企业就会注重做什么。因此，懂技术的企业家往往重视技术，而忽视管理；懂管理的企业家往往重视管理，而忽视技术；懂营销的企业家往往重视营销，而忽视其他方面。

一、身份焦虑的来源

在当代社会，无论是普通工薪阶层还是富豪，都有身份的焦虑。这种身份的焦虑来自社会发展速度过快带来的诸多不确定性，这种不确定性会给社会群体中每一个人的身份带来影响。

身份是指一个人在社会人群中的地位或位置，是由文化精神与意识形态凝聚而成的一种符号与心理情结。因此，人与人所处的身份不同就有了身份属性的区别。一个人的身份在某种程度上代表着某一阶层的社会文化精神属性。社会是一个组织，就像一栋建筑，有上层建筑结构，自然也会有下层建筑结构。在社会中，上层身份可以给人带来资源、空间、舒适、自由，更重要的是给人带来一种成就感、优越感等。

俗话说："穷在闹市无人问，富在深山有远亲。"身份焦虑的背后是内心对缺乏某种东西的担忧。这种感觉是由于个人无法与人群中成功或优秀的人相比而产生的危机感与紧迫感。因为上层身份的人拥有人们所追求的"功名利禄"，这一身份中隐藏着的不仅是尊重、权力、金钱，更是一种被认可的归属感。

身份的焦虑主要来自七个方面：一是对精英或榜样的崇拜；二是对美好身份的向往；三是自身能力不足所产生的自卑感；四是自我价值感低；五是对现在或未来身份的不确定性；六是缺少机会或机会不公平；七是有时无法对事物做出正确的价值判断。

人们将优秀的人或拥有高层身份的人称为大人物，将平庸的人或身份卑微的人称为小人物，这些都是人为的标签。人们对更高身份的追求是想拥有吸引人的光环、受人瞩目。

二、人生的迷茫是身份的迷茫

在古代，贵族的名号、爵位以及财产可根据血统关系世代传承，出生在王侯将相家的人会有一种天生的优越感。而在当今社会，人们常常把拥有的财富的多寡当成身份优越感的判断标准。在平等、安全、自由等得到保障的前提下，人们对美好生活的追求比以往更加强烈，每个人都有机会获得自己想要的身份。

身份的焦虑来自能力与欲望的不匹配与不对称，自己不能成为那个想要成为的人。人们无法突破现在的身份限制，最重要的是不明确自己未来要获得怎样的身份。

解决身份的焦虑要明确精神追求及自己的优势与特长，修炼自己独一无二的能力。焦虑，表面上是缺少机会、技术、资源、资金、能力等，实际上是缺乏自信，更没有生命价值的支撑力。现在无论是穷人还是富豪，大家都焦虑，穷人的焦虑是因为生活压力，富豪的焦虑是怕钱多守不住。要想真正解决身份的焦虑，就要回归价值支撑点本身，即是否愿意为人民服务，解决人民的痛点，承担更大的责任。

三、追求优越身份的背后是追求更完美的自己

人与动物最大的区别是人有很多欲望，因此古人云"饱暖思淫欲"。人是有思想的，人的欲望是无限的，人会追问人生的意义，会思考怎样活才是最有价值的，而动物不会思考自己怎样活着才更有价值。人如何才能活得更有价值呢？《中庸》讲："诚者，自成也。"这个"诚"可以理解为诚实、诚信，本义是真正的诚实是诚实于自己，充分释放自己的本性。

因此，每个人都可以活出丰盛的人生，活好自己，爱好自己，遵循内心，相信自己能获得理想中的"身份"。

每个人都有不同的身份。一个男人，在外可以是企业家，在家可以是丈夫、父亲和儿子；一个女人，在外可以是领导，在家可以是妻子、母亲和女儿。每一种身份都带有不同的信念与价值观。男人在外是企业家，回到家里就要转换身份。身份发生变化，观念也会发生变化。

景辰先生点评

人生真正的迷茫是对未来身份的不清晰、不确定、不相信、不笃定。生命是一场相信的旅程，相信什么才可能拥有什么。每一个人都应该找到自己一生愿意相信的人或事，并明晰自己未来要成为的那个身份。信力生根、一切皆成。

第七节　活出生命的"火花"

开篇对话

启因先生问：景辰先生，您在给企业及个人做咨询时会关注热情，并对与热情相关的问题进行发问与梳理，这对个人及企业有怎样的帮助？

景辰先生答：人生遇到的迷茫与困惑，表面上看是当下发生的，其实追溯起来，问题很早之前就存在了，或许之前并没有与生命的热情进行深入的连接。也就是说，与生命的热情失联了。热情是生命力的呈现，或许有些人对某一事物有热情，但其热情不能持续下去，这其中当然有很多原因。

因此，找到热情、连接热情、激发热情，并让热情连接财富是非常重要的。

乔布斯临终前说了一段话，透露出他对人生和生命的意义的感悟："我在商业界达到了成功的巅峰。在别人的眼里，我的人生就是成功的一个缩影……但是，除工作之外，我很少有其他的快乐。到后来，财富于我已经变成一种习惯的事实。此时，我躺在病榻上，回顾我的一生，我意识到，我一生所骄傲的名声和财富，在即将到来的死亡面前都显得毫无意义……现在我知道，当我们积累了足够的财富，我们应该追求与财富无关的事情，应该是更重要的事情。或许，情侣关系；或许，艺术；或许，年轻时的梦想。不停地追求财富，只会把人变成一个扭曲的人，就像我一样……"

乔布斯重新定义了平板电脑和智能手机，对这个世界的贡献是非常大的，然而离开人世时他还是有很多人生遗憾。

电影《心灵奇旅》让人印象深刻。电影的主人公乔伊通过各种努力终于拿到了

"铁饭碗"，成为一名正式的中学音乐教师，有保险，有退休金，成为众人羡慕的对象。而他内心真正的梦想是做爵士乐手，成为著名乐队中的一员，这是他儿时的梦想。让人惊喜的是他终于碰到了参演爵士乐手这样一个机会，过度兴奋的乔伊打电话告诉朋友们说："如果我能和多茜娅·威廉姆斯一起表演的话，就是死也值了。"可打完电话，仅仅走过了两条街后，他便掉进下水道——死了。这位梦想家"死后"在一个黑洞中醒来，成了一个孤独的灵魂。然而，不久之后，他发现自己并不是孤魂，在这条"生之彼岸"的路上，有很多人在排队走向光明。而乔伊不肯接受自己的"死"，不肯像其他灵魂一样前往充满光明的"生之彼岸"。他逃亡了，成了一个"迷失的灵魂"。

这部电影引发了笔者对生命意义的终极思考：在人生的路上，我们一直追求梦想，追求成功，追求功名利禄，活着只为实现梦想，只为追求成功，有时候甚至都忘记自己为什么出发。人生就像驴子拉磨一样追着面前的胡萝卜，有时甚至被生活压得喘不过气来。一直为了我要成为"想成为的人"，不断给自己的生命赋予梦想、目标、意义和价值，而忽略了自己是否开心、喜悦。而乔伊的这种不甘心，让他误打误撞地从"彼岸"来到了"生之地"，在这个"生之地"里，到处都是等着投胎的灵魂。

这部电影的有趣之处是，在这个"生之地"，每个人必须找到自己生命的"火花"，拿到"火花"才能拿到"地球通行证"去投胎。但真正启发乔伊发现自己生命"火花"的是 22 号灵魂。她有自己的个性，也有自己的癖好，但就是不愿意去投胎。她不喜欢地球，宁愿在"生之地"徘徊上千年，都不愿意再活一回，她的灵魂就缺一个"火花"。但是在"忘我之境"，乔伊找到了一种"忘我"，一个"出神"的东西，就是活在自己的"音乐"中。与此形成鲜明对比的是一个阴沉、黑暗、在地面上匍匐的灵魂，它属于一位基金经理，口中不断说着："一定要成交、一定要成交、一定要成交。"活在所谓的成功里，难道不是一种执着、一种迷失吗？这部电影启示我们：人们常常在人为地给自己的生活设定一个目标，并为这个目标而努力，认为只有达到目标才能获得幸福和快乐。但其实我们不需要特意为人生设定目标，而是要让生命回归到对生活单纯的热爱。

很多人终其一生都在追求生命的意义，却不知感受生活中那些平凡的点点滴滴也是生命的意义。

例如，小孩子的快乐是很单纯的，有人会说因为小孩子没有压力与负担，所以他们才快乐。其实并不是这样的，小孩子快乐是因为他们很单纯地享受生命的状态，他们对这个世界总是充满新奇，他们并没有给自己的人生设定理想或目标，他们的快乐是没有条件的。

再如，有的人设定目标要考名牌大学，大学毕业后继续追求自己设定的目标，凡是和目标没有关系的他都认为是没有价值的。当一个人眼里只有目标的时候，就可能忽略掉了生活的点点滴滴。他会认为收拾房间会浪费时间，吃饭也要快点吃，因为吃饭也会浪费时间，他没能真正静下心来品尝饭菜的美味。如果一直这样生活下去，即便实现所谓的理想与目标，但没能感受生活或生命的乐趣，生命又有何意义呢？这难道不是一种迷失吗？

现实生活中，很多人会追求活成别人想要的样子，没有关注自己当下是否快乐、喜悦，忽略了每一个当下，把自己变成了追逐梦想与成功的机器，长久下去灵魂将会枯萎，生命将会失去意义。

一代圣人王阳明说过："此心具足，不假外求。"在繁忙的日子里，我们没有关注自己内心真正想要的是什么，更没有关注自己现在做的事是否有生命的"火花"。这个生命的"火花"，可以理解为生命的热情与喜悦。然而一切"想要的"都是"我执"，包括成功、成名等。生命真正的"火花"就是活在当下，活出生命的热情，并照亮世界。就如稻盛和夫先生所说："活着就是要不断提升心性，磨炼灵魂，让灵魂比降生时更为美好，让灵魂走的时候比来的时候更干净。"

当你刻意寻找生命的意义时，反而会很累，也会很艰难。人不一定要达到世俗定义的成功，我们身边还有很多爱你的人和你爱的人，当你选择寻找生命的热情，做自己喜欢做的事时，何尝不是一种幸福呢？生活要有目标，但不必去刻意追求意义，让自己活出本该具有的热情与"火花"，或许就是最大的意义。

人需要静下心来，发现生命的"火花"，生命的最大觉醒就是行动。

景辰先生点评

寻找热情、寻找生命定位；连接热情、激发内在引力；将热情转化为人生利他的使命。给自己的人生确定一个方向，你就会发现一个不一样的自己。

信念扫描发问

1. 从小到大，亲戚、朋友或同学赞美或欣赏你的哪些优点？
2. 你最不能忍受别人对你的评价是什么？

3. 你的人生榜样是谁？他有哪些特质令你欣赏？

4. 你对哪些事情最感兴趣？

5. 你有哪些特质？

6. 你的人生座右铭是什么？

第二章

种子

第一节　人生排序出错

开篇对话

启因先生问：景辰先生，您在给企业及个人做咨询时会关注他们是否处于"数一"的位置，并对"数一"进行发问与梳理，这对企业及个人有怎样的帮助？

景辰先生答："数一"扫描是关于企业或个人的战略问题，一个人的思维受限是认知的受限，也是格局的受限。企业或个人往往只会考虑自身的问题，不会从行业、产业、国家的角度去深入解析自己所处的"位置"。唯有掌握行业发展的趋势与方向，才能做得更好。

一、生命中的"核桃"

在一个山谷的禅房里有一位老禅师，他有一个小徒弟非常勤奋，不管是去化缘，还是烧火做饭，从早到晚忙碌不停。但是这个小徒弟的内心很挣扎，他的眼圈越来越黑，终于，他忍不住来找师父。他对老禅师说："师父，我太累了，我这么努力可也没见什么成就，为什么呀？"老禅师沉思了片刻，说："你把平常化缘的钵拿过来。"小徒弟就把那个钵取来了，老禅师说："好，把它放在这里吧，你再去给我拿几个核桃过来装满。"小徒弟不知道师父的用意，捧了一堆核桃进来。这十多个核桃一放到碗里，整个碗就被装满了。老禅师问小徒弟："你还能放更多的核桃到碗里吗？"小徒弟说："放不了了，这碗眼看已经满了，再放核桃进去就该往外滚了。"老禅师说："是吗？你再捧些大米过来。"小徒弟又捧来了一些大米，沿着核桃的缝隙把大米倒进碗里，竟然又放了很多大米进去，一直放到开始往外掉了才停下来，他突然间好像有所感悟："哦，原来之前的碗还没有满。"

老禅师问："那现在满了吗?"小徒弟答："现在满了。"老禅师让小徒弟再去取些水来。小徒弟又去取水，取了一瓢水往碗里倒，在倒进去半碗水之后，这次连缝隙都被填满了。老禅师问小徒弟："这次满了吗?"小徒弟看着碗满了，但不敢回答，不知道师父是不是还能放进去东西。老禅师笑着说："你再去拿一勺盐过来。"老禅师又把盐溶化在水里，水一点儿都没溢出去。

小徒弟似有所悟。老禅师问他："你说这说明了什么呢?"小徒弟说："我知道了，这说明了时间只要挤挤总是会有的。"老禅师却笑着摇了摇头，说："这并不是我想要告诉你的。"

接着老禅师又把碗里的那些东西倒到了盆里，腾出了一只空碗。老禅师缓缓地操作，边倒边说："刚才我们先放的是核桃，现在我们倒着来，看看会怎么样?"老禅师先放了一勺盐，再往里倒水，倒满之后，当再往碗里放大米的时候，水已经开始往外溢了，而当碗里装满了大米的时候，老禅师问小徒弟："你看，现在碗里还能放得下核桃吗?"小徒弟回答说，"放不下核桃了。"

老禅师说："如果你的生命是一只碗，当碗中全都是这些大米般细小的事情时，你的那些大核桃又怎么放得进去呢?"小徒弟这次彻底明白了。

无论是企业家还是职场人士，都在整日奔波，累得苦不堪言。假如生命是一个空碗，应该先放进去什么呢? 怎样才能先将核桃装进生命当中呢? 又该怎样区别核桃和大米呢?

二、学会给事情排序

事有轻重缓急之分，排序的第一步就是聚焦，聚焦，再聚焦。其实，人这一生真正能干成的大事少之又少。天下的事情再大都不怕，最怕的就是不能聚焦，平均用力，分不清轻重缓急。

企业家在排序前要克服三个"心"：虚荣心、侥幸心、贪婪心。

一是克服虚荣心。一些企业家的失败，多半与自己的虚荣心有关系。好大喜功、盲目攀比、贪恋虚名、盲目跟风，最后导致失败。

二是克服侥幸心。企业的发展不能全凭赌一把。无实力的赌就是在"玩命"，同时也会搭上许多社会资源。

三是克服贪婪心。企业家要克服贪婪心，就要围绕企业进行使命定位，俗语说"不欲以静，天下将自定"，要拥有拒绝诱惑的能力，要有定力。

无论是普通人，还是企业家，都会遇到这样或那样的问题，大多是人生的排序出了问题。无论怎样选择，都要在"排序"上下功夫。

因此，要克服虚荣心，企业就要脚踏实地，改掉盲目的赌性思维。要克服侥幸心，就要明确企业的核心战略、使命及主业，并以上为中心进行发展。曾国藩有句名言："天下之至拙，能胜天下之至巧。"要修炼拒绝诱惑的能力，就要学会做减法。人的精力、时间有限，企业的资源也是有限的，要专注、聚集有限的资源、时间和企业的核心战略、使命定位。

三、修炼好精气神

精气神，精是外在的呈现，气是内在的支撑，神是内在的定海神针。企业家要修炼一种气定神闲、沉稳睿智的内在气质。内在的气质会影响人的格局，拥有良好的精气神，无论是做人还是做事都会更为通透。王阳明说过："养浩然正气，立君子威风，才能久立于天地之间。"跟精气神一样，人的气质是由内而外散发出来的，因此企业家要保持朝气蓬勃的精神状态，精气神不能有一丝一毫的涣散，而应一天比一天充实、丰沛和完善，长此以往便能逐渐养成浩然之气，这浩然之气又作用于自己的身体，使自己生活有序。

四、修炼好定力

北宋吕蒙正说："人有冲天之志，非运不能自通。"意思是说，一个人有冲天之志，想成就一番事业，所有的运势都讲究一个时机。想要抓住这个时机，不仅考验智慧，更考验一个人的定力。时机未到时，要做到莫怨、莫念、莫琢磨，要能忍，要能容，要坚定。时机到了，要做到莫贪、莫傲、莫自大，要静，要稳，要有随缘心。时机到来之前，要修炼能力，储存能量，为抓住时机做好准备。

笔者采访过一家叫丸米的日本企业。这家企业有 168 年的历史，始终专注于发酵技术研究。通过日本自古以来的发酵技术为人类的健康生活做贡献是丸米的经营理念。丸米把实现人们对未来健康生活的诉求与期待作为企业的使命。

这家企业的核心经营理念是"定"，就是坚信发酵技术在未来健康领域的应用价值，并把这一信条作为企业经营发展的"原点"理念。据 2017 年日刊《现代经济通讯》统计，丸米的味噌市场占有率达到 25.3%，2020 年销售额达 30 亿元人民币。

做企业要把握一定的节奏：一要定下来；二要慢下来；三要做减法。定下来就是要研究并掌握规律。慢下来是为了听到市场真正的声音。做减法就是要保持专注，把时间、精力、资源聚焦到核心业务或项目上。

春天，不是等来的；运气，不是赌来的。你一直努力夯实能力，才能抓住机遇。人要能"定"住自己，掌握好自己人生的节奏。这个世界永远不缺机会，缺的是抓住机遇的能力。

景辰先生点评

2020 年以来，众多企业家都感受到了彻骨的"寒意"：疫情防控压力、制造业的拉闸限电、原材料及人工成本上涨、各项活动的延期或推迟等。在这样的环境下，企业家更要戒除"三心"：虚荣心、侥幸心、贪婪心，始终保持谨慎、敬畏之心。一定要能区分赌性和勇敢，赌性是指不计后果的盲目押注，并自认为这种盲目押注的行为是勇敢。真正的勇敢不是赌博，而是做好充足的准备再努力向前。

第二节　生命是一个"成为"的过程

开篇对话

启因先生问：景辰先生，您在给企业及个人做咨询时会对他们在"成为"这一定位上进行深度梳理，这对企业及个人有怎样的帮助？

景辰先生答："成为"扫描是关于企业的战略问题，这里包含企业目标客户战略、产品功能领先战略、企业效率制胜战略、成本战略、资本战略、服务体系战略、品牌领先战略等。"成为"扫描要解决三个问题：一是企业如何"单点破局"；二是企业如何运用"破零思维"；三是企业如何实现终极的"使命连接"。

一、生命要活在当下

人一直都在变化，从身体到思想、思维方式等。我们所受的教育就是如何成为好人、如何成为对社会有用的人、如何在社会竞争中成为高效学习的人、如何成为事务处理及管理的高手等。我们在不断地成长与改变中形成自己的信念与价值观，这种信念与价值观培养了我们某一方面的能力，在成长中发挥自己能力的同时又不断实践自己的价值观，价值观指导着我们的人生方向。这一切都在表达一个关键词——"成为"。从生到死，每一个人都在朝着一个方向前进，行动背后的驱动力就是如何令我们"成为"。

人有生就有死，从出生开始，生命这条船就开始驶向死亡的港湾。把握"当下"说起来容易，做起来却不容易。把生命的"当下"理解为生命的"专注感"可能更为贴切，要给"专注感"做一个方向定位，这样才能更好地掌握生命的每一个"当下"。

二、通向"成为"的路

一是因欲望而"成为"，就是追求利益最大化。在小的层面上，表现为追求更多的票子、车子、房子。在大的层面上，表现出急功近利、忘记初心等。无论是个人还是企业，如果一味追求物欲，就会沦为欲望的奴隶，最终会被社会、人民大众所唾弃。

二是因立愿立志而"成为"。随着社会的不断发展与进步，无论是事业碰到危机，还是情感遇到挫折，人们痛苦的原因有很多，但根本上皆源自内在的匮乏不足。所有因爱生恨的情感故事，无非就是得不到、放不下、舍不得。为什么要立愿、立志？因为一个人通常无法超越自己认知的高度，当一个人固化了自己的认知时，思维就受限了，他就无法达到更高的维度，无法拥有更大的视域与格局。

三是因完善人格而"成为"。俗语说："龙生九子，各有不同。"生而为人，每个人都有自己的特质。人格在心理学上，泛指一个人独特、相对稳定的行为模式。人们日常生活中所说的人格，如人格高尚、人格卑劣、人格不完整，是从伦理道德的观点出发的，与心理学所说的人格的定义是不一样的。从心理学角度看，每个人都有其独特的人格。

还有一种人格不完整能会给自己和家人带来很大的坏影响，那就是人格障碍。人格障碍不像精神病那样会出现幻觉、妄想等症状，但是会持续地出现对各方面适应不良的现象。有人格障碍的人不仅会给自己的生活带来麻烦或痛苦，也会让他周围的人感到麻烦或痛苦。

常见的人格障碍大致有八种：

一是偏执型人格障碍，表现为疑心重、嫉妒心强、心胸狭窄、不信任任何人，严重的时候会对父母、儿女产生怀疑。

二是分裂型人格障碍，表现为孤独、不合群、情感淡、对生活漠不关心。患有这种人格障碍的人有一个优点，就是一旦对某一门知识产生了浓厚的兴趣，就会把自己所有的精力和注意力都投到这件事当中。

三是边缘型人格障碍，表现为情绪经常反复无常，行为也不稳定，有时候会有怪异行为，严重的时候会自我伤害。这种人格障碍多发生在青春期或成年早期，很像双向情感障碍，也就是一会儿抑郁，一会儿焦虑。抛开遗传因素，其根源多是成长过程当中教育者采用了错误的教育方式。

四是反社会型人格障碍，表现为经常做违法或违背社会规范的行为，并且屡教不改，没有公德意识，不负责任，撒谎欺骗，胡作非为，伤害他人。有这种人格障碍的人既害自己又坑家人。

五是爆发型人格障碍，表现为情绪极不稳定，爱与人争吵，经常因一些小事暴跳如雷，经常暴力攻击他人。有这种人格障碍的人不仅会给自己带来很大的麻烦和痛苦，也会给家人增添很多烦恼。

六是依赖型人格障碍，表现为缺乏自信，极度依赖他人，过分顺从他人，独处的时候经常感到不安或无助，特别害怕被人抛弃。有这种人格障碍的人经常生活在不安的状态当中。其根源多是幼年时母爱缺失或成长环境不健康，也可能是父母照顾得过于周全，完全替代他的成长。也就是说，这种情况可能是由于父母对孩子的教育走入极端而导致的。

七是表演型人格障碍，表现为过度关心自己的外在形象，经常表现为言行夸张或过分招摇、轻浮。有这种人格障碍的人受暗示性比较强，经常为获得别人对自己的夸赞而表现出与自己实际年龄不相符的言行。其根源多是成长过程当中父母关爱不足，批评责骂较多，或是父母自身言行不检点。

八是焦虑型人格障碍，表现为经常感到紧张，总想被人喜欢，对拒绝和批评表现得过分敏感，习惯夸大生活处境当中的一些威胁，总想回避那些让自己感觉到不安的活动。有这种人格障碍的人不仅自己很痛苦，也会给家人带来焦虑。抛开遗传因素，其根源多是幼年时错误的家庭教育方式所引发的自卑心理和无能感，还有就是一些生理或心理上的缺陷。

三、真正的"成为"是完善人格

完善人格是人生的重要课题，指一个人不断认识自我、提升自我的过程。完善人格需要靠自己后天的努力来实现，从懵懂的孩子到青春期，再到三十而立，我们会有意或无意地使自己的人格更健全，这也许是人类追求完善的本能。

王阳明说："以心为擎，万象可抵。"意思是说，内心平静到不起一丝涟漪，连挣扎的波浪都不再浮出水面。这种平静可以表现为：走路的时候，脚步异常平稳；说话的时候，语气淡淡地透着冷静；思考的时候，内心的火苗忽闪又灭。王阳明是中国历史上罕见集立德、立言、立功为一身的奇人，曾和孔子同被称为完人，被誉为500年来第一精神导师。明清以来，众多伟人都是他的追随者，其中包括曾国藩。日本的经营之圣稻盛和夫也是他坚定的追随者。

王阳明说："志不立，天下无可成之事。"人格的组成部分之一是立志，人格不是向外求，而是向内求。只有向内求才能实现内在人格的完整，达到有志、通透、圆融的境界。因此，现代人，特别是企业家要完成人格的修行，需内外兼修。

四、先贤怎样看待人格特质

《淮南子·人间训》中有一则故事，有人问孔子："颜回是什么样的人？"孔子回答："是个慈爱的人，在慈爱方面我不如他。"有人又问："子贡是怎样的人？"孔子回答说："是个善于辞令的人，在辞令方面我不如他。"又问："子路是怎样的人？"孔子回答说："是个勇敢的人，在勇敢方面我不如他"。那个人就说了："他们三个人都比你厉害，却成为你的学生，听你教诲，这是为什么呢？"孔子说："我既仁慈爱人又刚狠决断，既善辩论，有时又显得嘴笨，既勇敢又胆怯。拿他们三个人的长处换我这种应世之道，我还不情愿呢。"

据《史记·孔子世家》记载：孔子杀少正卯，武子之台用兵、夹谷之会腰斩众侏儒。从这可知我们这个至圣先师另一面的"刚狠"特质。

那么庄子又怎样看待人格特质呢？《庄子·山木》记载了一个故事：庄子带着弟子游学之时，弟子们见有人伐木，很多树都被砍了，而一棵粗壮茂密的大树却安然无恙。弟子前去问了一下才知道，原来这棵树是一棵臭椿树，这种树弃而不好，用而不好，又不能做其他用途。弟子们就说原来成才的被砍了，这些不成才的反而得以善终，所谓木秀于林，风必摧之，行高于众，人必非之啊！后来他们又到了一个农舍，山民请庄子吃雁，在古代雁与大鹅称呼一样，主人追着许多大鹅乱跑，只有一只站在门口泰然自若，主人也不抓这只鹅。一问才知道，这批鹅有的叫有的不叫，唯独这只叫得好听，所以不杀这只。于是弟子们就糊涂了。"昨日山中之木，以不材得以终其天年；今主人之雁，以不材死，先生将何处？"庄子说，君子应处木雁之间，当有龙蛇之变。意思是这人生变化不定，任何时候都是一时一局，要学会审时度势。就比如当你优秀的时候，遇到的领导差劲，可能不但得不到重用，还会遭人忌妒和伤害；当你事业蒸蒸日上、势头正旺的时候，要学会收敛。

就如孔子文武双全，周游列国却不能施展自己的理想抱负。李白文武兼备，旷世奇才，但一生坎坷，郁郁不得志。张良和范蠡功高盖世，却在助主成就大业之时，急流勇退，这才是大智慧的人。

因此，做人也要能屈能伸，大丈夫落入草莽为蛇时，韬光养晦，保存实力，等待时机，该成龙的时候就要抓住时机显露才能。

子夏曰："君子有三变，望之俨然，即之也温，听其言也厉。"意思是有一种人看起来不可侵犯，实际上跟他一亲近，他又非常温和，充满了感情，听他讲话，则严厉不苟。这是讲有高度修养的人。

巴菲特说："专注是我人格中最为强大的部分。"巴菲特成功的秘诀就在于他从事了自己喜欢的职业。只有喜欢一件事情，你才能深入地探求和思考，也才能得到理想的收获。苦难即菩提，苦难最考验一个人的人格。人格修炼是"先博后专"还是"先专后博"，这里没有对和错。对大多数刚毕业的大学生或普通家庭出身的孩子来说，先专后博或许是胜出的必然选择。

五、企业的"成为"

众所周知，华为企业的使命是"成为世界一流的通信设备供应商"，即企业核心战略定位。

成为：是指要到达的位置，知道从哪里出发，到哪里去。

世界：是指范畴、边界。

一流：是指达到的标准。

通信：是指所处的领域。

设备：是指所提供的产品。

供应商：是指扮演的角色。

这13个字，对每一个员工来说都很重要，是企业的使命。

景辰先生点评

人每天都应反省自己，不断完善自我，充实自我。因为只有不断地反省自己，人才能成长和进步，才能让自己的人生逐渐走向更高的境界。企业也是一样，只有不断地反思与修正错误，才能始终朝着正确的方向前行，才能履行好企业的使命。

第三节 找到差异，世界总会有你的一席之地

开篇对话

启因先生问：景辰先生，您在给企业及个人做咨询时会在差异化方面对来访者进行深度梳理，这对企业及个人有怎样的帮助？

景辰先生答：无论企业或个人遇到怎样的迷茫与困难，都要相信这个世界没有无用之人，也没有无用之物，若有，也只是被放错了位置。差异化扫描是关于企业的战略价值问题，其包含对企业价值、卖点、功能等的梳理，确立企业的核心价值观、核心竞争力。

一、差异化定位，让产品脱颖而出

2020 年新冠肺炎疫情暴发，很多企业转产做口罩生意，但随着国内疫情得到有效控制，加上生产口罩的企业太多，造成口罩企业销售压力增加。

如果有一种口罩，让你感觉戴的不是口罩，而是一片水果片，那么会不会让你有一种神清气爽、精神百倍的感觉呢？国内有一家服装公司研发出了水果味的口罩，有苹果味、菠萝味、草莓味，并取得了日销 100 万件的好成绩。笔者所在团队对此进行了研究，认为这是一个创新和差异化经营的典型成功案例。因为疫情，口罩是刚需产品，销量不会差，这家企业从味道这个差异化角度切入市场，估计是全球独此一家，只要想要水果味的口罩，就会想到这家企业。

在营销中，这是典型的产品差异化定位，真正理解了差异化，就会发现其实这个世界没有所谓的竞争，只是没有找到差异。差异化产品，只要好好服务于认可自

已的这一部分客户群体就够了。这家企业申请了20多项专利，快速构建了这个细分领域的竞争壁垒，大大提高了竞争对手的进入门槛。

著名管理大师迈克尔·波特认为，企业无论是实行成本领先战略，还是品牌战略，都必须聚焦在产品的差异化上，有了细分的差异化定位，才能为更好的产品质量做保证。

国家引导中小企业实施产品差异化战略，改变产业集群网络内部低水平、内耗式竞争的不良现象。同时，为降低目前双边贸易中存在的不平衡与不确定性风险，中国在产业上积极实施产品差异化战略，通过制度与技术两个层面的创新，实现出口产品的多样化与差异化，建立起自身的竞争优势。

二、从差异化到"破零思维"

面对国内外的竞争，中国企业不仅要提升差异化思维能力，更要具有"破零思维"。例如，近年来中国企业在高端芯片领域遭遇"卡脖子"现象，如手机SOC芯片、电脑芯片。制造一枚芯片需要设计、制造等多个步骤才能完成，而目前这些核心技术大多掌握在美国人手里，因此，当美国全面打压华为等中国企业，禁止中国企业使用其技术专利时，中国企业就已经陷入了"卡脖子"的境遇。

中国企业未来如何破局？笔者认为不仅要提升差异化思维，还要具有"破零思维"。例如，特斯拉CEO埃隆·马斯克在公开演讲中说："特斯拉不会在广告上花费任何费用。"埃隆·马斯克不仅是在表达其对产品技术及质量的信心，而且采取了"破零思维"的竞争。马斯克的梦想是把人类移民到火星，在他的眼中，自己仿佛就是拯救人类的大英雄。在笔者看来，这就是"破零思维"或破零营销，"破零思维"就是做别人没有的、不能做或不敢做的，开创一个新的领域。中国企业要在更多高端领域运用"破零思维"。

这个世界没有所谓的竞争，只是没有找出差异化。找出差异化，一以贯之，才能实现商品的"绝利一源"。这个世界是多样化的世界。比如，汽车有运动型、商务型、家用型等不同类别；品牌也各具象征：奔驰代表尊贵车，宾利代表顶级运动型豪华轿车，奥迪代表科技型轿车，路虎代表豪华轿车，林肯代表总统级别轿车，玛莎拉蒂代表豪华舒适轿车，沃尔沃代表安全车，凯迪拉克代表高贵奢华轿车等。

有很多人采用了差异化方法，但不能做到标新立异。有些企业在生产产品时搞差异化，在别人的基础上把圆形改为三角形，这个差异化毫无意义，甚至会更糟糕。搞差异化目的是把事情做得更好，抢占用户的第一心智。

差异化的核心在于聚焦，要聚焦在核心的价值卖点。差异化定位是对产品的价值、功能、卖点给予精准的综合体现，使它在目标消费人群心中占据独特、有价值的位置。例如，前几年有人去日本买马桶盖，有人说这种行为是"崇洋媚外"。但是仔细探究一下，这个马桶盖在设计、技术、抗菌等方面确实有其独特之处，有价值卖点。

在中国新经济快速转型的今天，中小企业面临两种选择：一是在同行同质化竞争中互相血拼价格战；二是向优秀企业学习，创建独特的品牌。企业的差异化定位要分析企业自身、竞争对手和消费者，重点是发现消费者心智中还未被竞争对手占领的空位，然后进行差异化占位。未来将是以主流用户价值需求为中心的创新时代，是以争夺用户心智为中心的品牌时代，缺乏创新和品牌的企业将被淘汰。企业即使花费很多时间、精力和金钱，让品牌的广告遍布大街小巷，也终究只是昙花一现。占据人的心智，不仅仅需要战略、战术，还需要更高层面的"破零思维"。对于自己的产品，若能用一句话精准定位，企业生存发展的意义将得以凸显。

商业的任何创新都不是想出来的，而是建立在用户的需求之上。定位不光要了解市场，更要了解用户的价值需求。

景辰先生点评

2020 年疫情防控期间，可谓全民直播热潮期。有的网红能带货几千万元，甚至上亿元，但真正赚钱的主播又有多少？没有清晰的定位，只靠吃"青春饭"是不长久的。企业未来的出路在哪里？唯有为人民解决隐忧、痛点，唯有以提供价值内容为核心，聚焦形成超强的品牌，唯有拥有利他的使命精神，才是真正的出路。而那些采用了所谓的商业模式、商业技巧的企业，到最后都会黔驴技穷。

有魅力的品牌能够在用户心智中实现预售，在顾客还没有看到产品的时候就已经确定要选择它了。卖什么已经不重要了，重要的是卖给谁。在中国这个14 亿多人口的经济大国，只要专注一个领域，在任何一个细分市场扎根下去，占据市场 1% ~5% 的份额，就足以成长为一家几百亿元规模的企业。

第四节　心流共振源于集体共识

开篇对话

启因先生问：景辰先生，您在给企业及个人做咨询时会对其心流状态进行梳理，这对企业及个人有怎样的帮助呢？

景辰先生答：企业要找到自己的文化属性。一家企业的文化属性对凝聚人心、形成组织合力、树立品牌形象等是非常重要的。

一、心流的力量来自共识及信任

在古代楚国的郢都，有一个人的鼻尖上溅了一层白石灰。这层白石灰薄得像苍蝇的翅膀，但这个人很爱干净，就叫石匠用板斧把它削掉。石匠挥动板斧快如风，听见一阵风响就削完了，白石灰削得干干净净，鼻子却没有丝毫损伤。宋元君听到这件事以后，便招石匠来，说："你也照样为我来试着削一次，好吗？"石匠说："我的确是这样削的。但是，与我合作的那个人已经死了很久了。"这是庄子路过惠施墓前讲的一则寓言。这个郢都人信赖石匠，才能让石匠削去自己鼻尖上的污渍，并且在石匠挥动利斧之时，面不改色，让石匠得以发挥卓越本领。它告诫人们，要以诚相托，以信相守，信赖能够产生激励对方的力量，能够让彼此产生不可思议的力量。

如果郢都人不信任石匠，就不会有流传千年的信任故事。领导者要知人善任，既能利用好每个人的长处，又能正确对待每个人的短处。团队成员能否尽力去参与一项事业，要看他心里是否接纳了这个团队。唯有在思想上达成一致，并全力以赴，团队才能发挥出潜在的力量。团队成员接纳了管理者，管理者就能做好管理，领导好大家，从而更能获得团队成员的心。

在一档电视节目中，主持人邀请了 50 对金婚夫妇讲述 50 年来婚姻成功的心得。他们分享了一个共同的答案，那就是尊重、信任和支持对方。

从心理学来看，一个人在困难时获得了他人的信任或支持时，体内荷尔蒙水平会发生变化，其行为也会有相应的改变。大脑的神经细胞之间会发生交互作用，一旦启动更强的免疫系统，就算遇上感冒发烧，也会恢复得很快。在前行的路上，团队成员相互信任、彼此认可，就能够更好地克服困难，坚定团队的信心。

二、心流共振的前提是拥有相同的使命和价值观

团队共振要向动车学习，动车与火车之所以有速度上的区别，是因为火车靠火车头带动，其他车厢跟着动。而动车的每节车厢都有自己的动力系统，能同时发力。企业领导者要培养团队的动车思维，即全员一起朝一个方向发力前行。

团队目标是要告诉团队成员实现什么目标。价值观是驱动团队成员行动的信念，价值观明确，使命才能清晰。例如，阿里巴巴的使命是"让天下没有难做的生意"，阿里巴巴在创业初期就不断传播这一使命。

愿景与使命是告诉团队成员到达未来的时间、地点、样子是什么。价值观是基因，是团队的 DNA；价值观是驱动团队成员行动的信念，是组织文化的基因。在此基础上，明确使命，才能使团队成员走得更远，价值观告诉人们要成为什么样的人，给团队成员以驱动力。使命驱使团队成员创造未来，同时满足团队成员的成长需求，在此基础上，团队要分别设置一年、两年、三年的目标，使团队在价值观的指导下，在使命的驱使下共同实现愿景。

共振源自团队每个成员的动力，源自内心想要拥有、想要成为、想要实现的渴望，这背后是自驱力，自我领导是自律意识的觉醒，自律的背后是责任，是自我要求，只有自己以身作则，才可能影响、带动团队其他成员。这种意识觉醒是符合团队的愿景与价值标准的。这种意识驱动着团队成员主动发挥心智作用，使团队成员彼此之间形成感知能力和配合思维。这种自我领导的背后是目标在发挥作用，驱使团队每个成员都可以为共同目标做出果断的决策与行动。共振心流的背后是团队成员之间高度的信任感。团队成员之间彼此信任度越高，团队的心流共振就越强大。

三、心流共振来自有权利选择自己喜欢的团队

经营企业就是经营人。一个人最无穷的动力来自自己最热爱的事情，因为热情，所以快乐。因此，心流共振的团队不能缺少快乐。找到奋斗之乐，一切就是享受。

没有人会为不喜欢的事尽百分之百的努力。一个共振的团队，要让团队成员有选择自己队友的权利，选择自己喜欢的，才能激发个人的主动性和积极性。团队凝聚力不仅来自共同的目标，还来自"我喜欢我的团队"。喜欢团队的背后是价值观的认同，是信念的一致。唯有形成了这种认同感，团队成员之间才能彼此关心与爱护，以诚相待，以心相交。某个成员遇到困难时，其他成员给予支持与帮助，使团队成员之间形成更深层次的情感连接。

一个组织最大的障碍是沉醉于昨天的成功，没有持续的创新，没有远大的目标。因此，一个共振的团队需要不断创新与成长。持续成长符合人对未知的好奇。成长是组织发展的必然要求，没有成长，就离衰落不远了。持续成长的心态可以让自己持续学习，越发自信。同时，持续学习也是在树立榜样，领导者不学习，追随者也不会学习。成长本身也意味着不断改变，学习也是为了不断改变，改变是走向成功的方法之一。因此，组织要确立远大的目标，持续不断地学习。

景辰先生点评

团队领导者的核心任务是什么？是服务追随者。为什么追随者会追随你呢？因为你能指引并帮助他实现他的人生目标，能为他带来快乐。伟大领袖毛泽东一生就做一件事——为人民服务。企业家要建立共振的团队，一定要学习毛泽东的思想和理论。思想决定人的行为，一切的问题都是思想的问题。解决思想上的问题，一切行动都会听从指挥。

第五节　找对位置"定住"自己

开篇对话

启因先生问：景辰先生，您在给企业及个人做咨询时会关注他们所处的位置，并对如何"定住"进行梳理，这对企业及个人有怎样的帮助？

景辰先生答：人要"定住"自己是有难度的，因为这个世界诱惑人的东西太多了。无论是企业还是个人，很多时候其所犯的错误都源于失去了"定力"，所以"定住"自己很重要。

一、明确自己的客户

去餐馆吃饭的时候，很多商家的餐桌角落处有一个让顾客扫码点菜的二维码，这是一家科技公司开发的一个点餐软件。这个点餐软件起初是想帮助商家节省人力成本，但它在推广时遇到了难处，因为商家使用这个点餐软件需要支付一定的费用。

如果商家使用这个二维码，就要多收消费者 1 角或 2 角钱，估计消费者也不会使用这个点餐软件，这样这个软件就在市场上遇冷了。后来，该科技公司重新调整了自己的位置，明白自己真正的顾客是支付系统，于是，该科技公司引入了微信和支付宝作为战略股东，这才使软件的接受率大为提高，企业的销售收入从几千万元增加至十几亿元。

该科技公司的反转在于他们找到了自己真正的客户是谁，他们的客户并不是餐厅，也不是消费者，而是支付系统。

二、专注修炼自己的核心竞争力

有一只山羊，身材修长，天生就很会跳跃，一直因获得跳远第一名的荣誉而感到光荣和自豪。后来，有一只老狗告诉山羊："山羊啊，其实你的天分资质很好，体力也很棒，只得到跳远一项的金牌，实在很可惜。我觉得，只要你努力练习，你还可以得到更多比赛的金牌！""真的吗？你觉得我真的可以？"山羊受宠若惊。"只要你好好跟我学，我可以教你百米跑、游泳、举重、跳高、扔铅球、马拉松……你一定没有问题的。"老狗说。于是山羊跟老狗学百米跑、游泳、举重、跳高、扔铅球、马拉松，早上百米跑、中午游泳、下午举重、晚上跳高……最后样样比赛都参加了，但包括跳远在内的比赛，都没再拿到任何名次。

一个人的欲望多了，看似懂得很多，其实只流于表面，不专一、不深入，博而不专，只会自己困扰自己。专注是做人、做事的大原则，博而不专，杂而不精，必然会制约发展的高度。人的时间和精力都是极其有限的，想做成一件事情，就必须将自己所有的时间和精力投入到这一件事情中。只有一心一意地去做一件事情，最终才能把这件事情做好。

企业或个人的成败与专注度有关。企业要想在国际舞台上拥有一席之地，就必须有核心竞争力，个人也同样需要核心竞争力。俗话说："纵有良田万顷，不如一技在身。"人有一技在身，不如"一志在心"，专注一个方向去发展。

老子在《道德经》第六十四章中说："合抱之木，生于毫末；九层之台，起于累土；千里之行，始于足下。为者败之，执者失之。是以圣人无为，故无败；无执，故无失。民之从事，常于几成而败之。慎终如始，则无败事。是以圣人欲不欲，不贵难得之货；学不学，复众人之所过。以辅万物之自然，而不敢为。"

许多人不能持之以恒，总是在事情快要成功的时候就放弃了。出现这种情况的原因是什么？老子认为，主要原因在于将成之时不够谨慎，变得懈怠了，没有初始时的那种热情，如果能够做到慎终如始，则无败事。从老子处得到的启示如下：大的东西总是由小的东西发展起来的，任何事情的出现，总有其自身生成、变化和发展的过程。人们应该了解这个过程，对在这个过程中有可能发生祸患的环节给予特别注意，预防它的出现。从大生于小的观点出发，老子进一步阐述事情发展变化的规律，说明"合抱之木""九层之台""千里之行"的远大事情，都是从"生于毫末""起于累土""始于足下"为开端的，形象地证明了大的东西无不是从细小的东西发展而来。同时也告诫人们，无论做什么事情，都必须具有坚强的毅力，从小事做起，才可能成就大事业。一个人要发挥智力或技能的最佳状态，只有在内心平静的状态下才能做到。总之，若在最后关头像一开始做事的时候那样谨慎，就不大可能会出现失败了。

老子实际上是告诉人们，应依照自然规律办事，树立必胜的信心，培养坚强的毅力，耐心地、一点一点地去完成，不得松懈，否则就会前功尽弃、功亏一篑。

每个人都有成功的机会，只是那机会还没有到，花草要不断吸取阳光雨露，储蓄足够的能量，等待属于自己的季节来临。机遇历来是青睐有准备的人，当机遇来时，不要错失良机，在等待机遇的过程中，不要忘记持续不断地为自己充电，学习本身就是一个发现机遇的过程。这一切的准备都是在为以后的机遇储蓄能量。

老子告诫我们天下事要做精做细。这就要求我们做什么事都要专注。没有专注力和毅力，遇到困难就很难克服，慎终如始是每位企业家都应该铭记的。若一个人的目标太多、战线太长，反而会失去主业、失去核心竞争力，次要的事务会耗去有限的资源。人的时间、精力、人脉都是有限的，专注，就是集中精力、全神贯注、专心致志。一个专注的人往往能够把时间、精力和智慧凝聚到所要干的事情上，从而最大限度地发挥积极性、主动性和创造性，努力实现目标。

成功没有捷径。各行各业的名家大咖，有许多人虽出身卑微，但都通过一番奋斗，战胜了挫折，走向了成功。人生一世，不怕穷苦，就怕无志，有志者事竟成。我们不能决定自己的出身，但是可以决定自己成为什么样的人。我们可以让自己专注，一个人的专注度决定其未来的高度。

鬼谷子在《本经阴符七术》"分威法伏熊"中说："分威法伏熊。分威者，神之覆也。故静意固志，神归其舍，则威覆盛矣。"意思是说，分散自己威势，就要效法伏熊。所谓分威，就是把一部分威风隐藏起来。内心平静可使心志稳定，使精神集中一处而不外露，那么威势就会被隐藏。威风因隐伏而强劲，内心就更坚定、有底；内心坚定，就所向无敌。用实来取虚，用有来取无，就像用镒来称珠一样轻而易举。因此，只要行动，就会有人跟随；只要呐喊，就会有人附和。

帕斯卡说："人希望幸福，只为幸福地活着，不可能希冀不幸。"奥古斯丁说："除了期待幸福之外，人没有理由推究哲理。"幸福究竟是由什么来决定的呢？在《心智模式决定你的一生》一书里，舒马赫用哲学性和宗教性的思考，就我们该如何生活才能获得最高的幸福旁征博引，娓娓道来。原来决定我们一生幸福与否的关键在于自己如何看待自己、自己如何看待他人①。换句话说，你的心

---

① 舒马赫. 心智模式决定你的一生［M］. 江唐，译. 北京：中国青年出版社，2012：
23.

智模式怎样，你的人生就是怎样。人的幸福就是往高处走，发展自己的能力，获得更多的知识，如果可能的话，从中可以"看到上帝"。如果往低处走，只发展自己与动物都具备的低等能力，就会大为不幸，乃至绝望。

在低等、固定、僵硬的心智模式里，人会变得无力、悲惨。在一个更高层次、广阔、丰饶的认知世界里，你会发现自己就是整个宇宙，你的内心会越变越强大，而且是真正有根有基的强大，不是自负。心智模式就是这样决定你的世界的。

如何拥有极佳的生命体验？如何创造卓越的人生？有的人花了很多时间、走了很多弯路也不明白。很多人不能成功是因为害怕失败、逃避失败，最重要的是内心那颗心力的种子没有了。企业家要建立拥有强大心力的力量之源，需要回到中国文化的根，那就是心。心是神之主宰。起心动念决定了意识、语言和行为，意识、语言和行为决定了事情的好坏。

《大学》曰："古之欲明明德于天下者，先治其国；欲治其国者，先齐其家；欲齐其家者，先修其身；欲修其身者，先正其心；欲正其心者，先诚其意；欲诚其意者，先致其知；致知在格物；物格而后知至；知至而后意诚；意诚而后心正；心正而后身修；身修而后家齐；家齐而后国治；国治而后天下平。"我们可从中提炼出四个关键词，那就是正心、意诚、致知、格物。

培养一个人的心力、志向非常重要。正心是根本，是力量之源的核心，如同种了一颗有生命力的种子。一个人的心正了，意诚才会转化为强大的心力。意诚就如一棵大树，土壤与树根连接成管道，为成长提供源源不断的营养与能量。对当代企业家来说，如果说一个人现在的成就是由过去的心决定的，那么未来的成就一定是由现在的心和使命决定的。

景辰先生点评

笔者认为生命最大的痛苦就是看不到希望，生命最大的消耗就是看不到方向。钱的背后是事，事做好，钱自来！事的背后是人，人做好，事自成！人的背后是命，种好种子自有好命。命的背后是道，助人、达己、向善就是正道。

第六节　活出生命的"时间方程式"

开篇对话

启因先生问：景辰先生，您在给企业及个人做咨询时会关注其时间管理情况，并对如何做时间规划进行梳理。这对企业及个人有怎样的帮助？

景辰先生答：前面提到一个人要"定住"是很难的，但为什么要"定住"？定住才能将时间延长，企业只有延长寿命，才能在竞争中真正胜出。对于个人，要"制心一处"；对于企业，要"绝利一源"。

一、让自己拥有坚定的信念

在中国台湾，有一个由老人组成的团队，他们来自弘道老人福利基金会，他们7个人的平均年龄为80岁，在年轻的时候他们曾经是好朋友，一起骑摩托车，一起去海边散步，一起打网球。但随着年龄的增长，他们身边的好朋友一个一个地离开这个世界。而活着的人，有的在吃药维持身体，有的患了癌症。有一天，他们聚在一起无精打采地吃午餐，其中一位老人边拍桌子边说："去骑摩托车吧！"于是他们就决定一起去骑摩托车。经过6个月的体能训练，他们完成了一次为期13天的摩托车环岛游。这些老人中，有的背着妻子照片去旅行，有的在这个环岛视频播出前就已去世，但是他们用生命最后的热情完成了摩托车环岛游。

我们从哪里来？我们到哪里去？我们要怎样活着？我们活着的意义是什么？这是向灵魂发问。人的灵魂需要生命的意义去承载，每个人都应该找到生命的热情、意义与使命。

有几个学生向苏格拉底请教人生的真谛，苏格拉底把他们带到一片果林旁边，吩咐他们说："你们各自顺着一行果树，从林子这头走到那头，每人摘一枚自己认为最大、最好的果子。不许走回头路，不许做第二次选择。"学生们按照苏格拉底的要求出发了，他们都十分认真地选择。当他们到达果林的另一端时，老师已经在那里等着他们了。一个学生说："老师，让我再选择一次吧。我走进果林之后就发现了一个很大、很好的果子，但是我怕后边还有更大、更好的，就没有摘。但是当我走到林子的尽头时，才发现第一次看见的那枚果子就是最大、最好的。"苏格拉底摇摇头说："孩子们，人生就是如此，没有第二次选择。"是的，人生没有第二次选择，我们必须让自己拥有坚定的信念。

二、活法并不只有一种

普通人的一生通常是这样的：按部就班读幼儿园、小学、初中、高中、大学，毕业后做一名普通的上班族或积累一些经验选择创业，然后结婚生子。有些不愿奋斗的人，没有穷到食不果腹，就凑合着生活。每个人都有选择自己生活方式的权利。

有的人一生只专注于一件事，把这件事做到极致，而不是按部旧班地生活。例如，有一位画家，在他小的时候就对漫画充满好奇与热情，从画连环画开始到给电视、卡通电影等画漫画，后来将自己的画与中华经典传统文化相结合，创作出《庄子说》《老子说》《孔子故事三十则》《漫画列子说》等50多部经典漫画，通过漫画的形式传递中华人文哲学思想。其作品被翻译成多国语言，这个人就是台湾画家蔡志忠。

很多人忙忙碌碌，却不知道自己为何而忙，偶而会忘记自己应该做什么，适合做什么。或许有些大学生赚到了钱，或许有些人做了很多项目，但没有一个可以让其感到骄傲或对社会有突出贡献。这就是没有找到连接生命的热情，即没有找到自己生命的活法。人生无论怎样选择都好，要想让生命的活法更有质量，就需要让自己在某一领域专注下去，活出生命的广度。

三、人生的活法——专注与多元

人生是先博后专，还是先专后博？对普通人来说，没有家庭财富或资源积累的背景，先专后博是最容易奋斗成功的选择。但从长远发展来看，培养健全的人格，最好能成长为"一专多能"的人才。对企业来说，专注是立身之本，企业要在某一个领域拥有自己的话语权。但就长远发展来说，多元化发展也是企业要面对的问题。解决这一问题，企业家需要提升思维，为企业制定清晰的战略、设立伟大的使命。

随着产业链的不断升级，中国的多数企业还处在产业链的中低端。若要抢占制高点及整合技术、资源、资金等，无论是小微企业还是中大型企业，都要给自己一个清晰的定位。定位精准，单品也可以出奇制胜。

因此，企业的使命定位非常重要，只要定位清晰，无论是专注还是多元，企业就有了判断发展及增长的基准。这个使命也是企业经营的"原点"，每个企业设定的"原点"不一样，结果也就不一样。使命定位是判断企业价值的"原点"。

景辰先生点评

每个人对人生的定义都不一样，关键在于自己想要一个怎样的人生，可以通过发问明确自己的需求和目标。

当一个人、一位企业家或一个创业团队明白"责任无限、使命无限"的时候，就有可能找到其生命的时间方程式。

时间扫描发问

1. 假如有一天不思考与赚钱有关的事情，你会思考什么？

2. 假如有一天可以学习一个新领域的知识或技能，你最想选择哪个领域或提升什么能力？

3. 假如时间可以倒流，你会把更多的时间与精力用在什么地方？

4. 假如有一天要离开这个世界，你认为人生中做的最有意义、最有价值的事会是什么？

5. 假如有一天要离开这个世界，你最想对自己说的一句话会是什么？

6. 假如有一天要离开这个世界，你最想听到别人对你说的一句话会是什么？

7. 假如有一天要离开这个世界，你最想对这个世界说的一句话会是什么？

第七节　正念"种子"够大时，一切障碍都是助力

开篇对话

启因先生问：景辰先生，您在给企业及个人做咨询时会关注其正念，并对如何种"种子"进行梳理。这对企业及个人有怎样的帮助？

景辰先生答：规划自己的时间，要经常问自己：我的目标是什么，我有哪些资源，为了实现目标，我能放弃哪些东西？同时也要明白自己为什么会有现在的身份？而未来的自己又在哪里？回答这些问题，就要了解"种子"法则。

一、给心种一棵大树的种子

关公是我们熟知的三国人物。他一生只为一个字，即"义"。他的"义"正是孔子所倡导的"忠义"的"义"，他将"义"做到了义薄云天的境界。

生命的意义都是人自赋的。心理学家马斯洛在人的需求层次中讲到最高层次"自我实现"时说，当物质生活满足后，人必然追求高级的精神需求，提升精神境界。作家李银河从宇宙的角度来看生命，认为"我们都是宇宙中的微尘"。的确，从生命在宇宙中的位置来看，人无论如何都找不到生命的意义。人生只不过是在欲望与无聊之间摇摆，当人的欲望满足了，就会出现新的迷茫。如果这样看待生命，笔者觉得太过悲观了。即便我们都是宇宙中的微尘，也要努力发光发亮。无论遇到怎样的境遇，都要心持正念，用正念"种子"去修炼、完善自己的人格特质。

　　每一个人来到这个世界都具有自己的特质，也就是拥有自己独特的天赋。人与人的不同主要表现在性格与思维方式上。每个人都有性格特质，同时也有性格缺陷。

二、生命遵循"种子"法则

　　人类是群居性动物，远古人大多生活在山洞里，通过寻找或围猎其他动物获取食物。但到了冬季，远古人就很难寻找到动物。如果一直寻找不到动物就会饿肚子，于是，他们就寻找树上的果子或地面上的谷物，同时也会捡拾小麦或稻谷等。把这些谷物带回到山洞时，人们不小心漏掉了一些在路两边。第二年开春时人们发现，路两旁长出了小麦及稻谷。

　　人们很快发现了自然界的一个秘密，这个秘密就是"种子可以长出庄稼"。于是，在寒冷的冬季或者饥饿时，人们就会将种子保存好，那是人们对未来美好生活的希望，这就是种子的力量。

　　种子破土发芽前没有任何迹象，是因为没到那个时间点。每个人都在给自己的人生种"种子"，由于每个人的生长环境、经历不同，性格不一样，想法不一样，所得到的感悟也就不一样。人要想改变自己，就需要改变"种子"，改变"种子"的最好方式就是种上一颗更大的"种子"。

三军可夺帅，匹夫不可夺志。人一旦有了自己的正念愿力，且这个正念愿力是为这个时代发声，是解决人民生活上的痛点，那么这个人就会得到支持。

人的外在的一切都是自己内心的投射，生命的意义，靠自己定义。人生中所发生的一切事情，都是自己的内心吸引而来的，一定要在自己的生命里埋一颗正念的"种子"，这样才能收获无限。

人一旦失去信念，就会失去方向、折损勇气。经常叹气的人会越来越没有自信，久而久之，就会变成一个悲观的人。当我们遇到挫折时，要学会种正念"种子"。金无足赤，人无完人，每个人都有优点和缺点，做好自己就行，与其花时间改变别人的思维和行为，不如把时间用在提升自己上，以增强正向能量。

当你是一束光时，黑暗就会远离你；当你给自己的生命种一棵大树的"种子"时，你就会成为参天大树。每个人的改变从来不是因为别人，而是因为自己的想法发生了变化。

景辰先生点评

想要改变别人，最好的方式就是先改变自己，再用自己的行动潜移默化地影响和引导对方，这比任何强迫和威胁都来得有效。生命每时每刻都是在种"种子"，人生计较的越多，失去的就越多。让人生多些欣赏，少点吹毛求疵；多点包容理解，少点抱怨指责，心境就会豁然开朗。

第三章

破局

第一节　成事者的修身之道

开篇对话

启因先生问：景辰先生，您在给创业者做咨询时会关注他们的使命并梳理其定位情况。这对创业者有怎样的帮助呢？

景辰先生答：当下创业者的迷茫、焦虑、不安、恐惧等心理，一部分来自现实的困境及当下需要解决的问题，另一部分来自内心对未来的不确定。创业者唯有定住自己，给自己一个确定、确信的方向，才会勇往直前而不迷茫、恐惧。

如何让自己的人生不再迷茫？如何不再为钱、为情所困？如何明确人生的前行方向？

我们有一些人失去了自己的"根"，没有了"根"，就失去了支撑力和价值力。因此，我们要在文化基因中找到自己的"根"。

在中华传统文化里，"知止"是一种智慧。有一部分外国人习惯称中国历代王朝为"帝国"。然而，中华传统文化从来都不主张向外扩张，其本质并不是帝国。

中华文化最大的特点是具有包容性，当外来的文化传入中华，会被中华文化吸收，使中华文化更强大。

在我们的历史上没有出现殖民主义、帝国主义的倾向，这体现了中华文明的仁爱思想，也可以将其理解为中华民族的整体价值观。中华文化是一种礼仪文化，中国古圣先贤们很早就察觉到，人类偏好群居和互相协助，有些行为需要得到规范，于是就用"礼"来规范人们的行为。古圣先贤们知道自身行为会对他人产生影响，因此人与人、人与自然相处都要有一个界限或限度。

知道了人与人、人与自然的关系，就知道了"止"的限度、"知止"的境界。"己所不欲，勿施于人"出自《论语·颜渊》，意思是不把自己不喜欢的事强加给别人。

"止"的目的就是要知道自己从哪里来、到哪里去，明白自己的起点与终点，知道自己现在的位置，也知道自己未来的位置。

南怀瑾说："每个人立身于这个社会，都要给自己定位。"纵观那些创造非凡成就的人，他们有一个共同的特点，就是拥有清晰的定位与使命。俗语说："无定而事莫成。"成就非凡的人行事的逻辑是什么？怎样找到并拥有"定"？儒家的修身之道《大学》就为我们提供了逻辑完整的修身方法，这个清晰的逻辑可以称为《大学》"七证"，分别是知、止、定、静、安、虑、得，这些是儒家修身立业、直立而立人、完善自我的原则。

《大学》"七证"为什么这么重要呢？无论你从事什么职业，都需要学会做人，完善人格才是本分。做人都没有做好，做事情也很难长久，其他方面的所谓成功更不用谈。

《大学》中说："知止而后有定，定而后能静，静而后能安，安而后能虑，虑而后能得。物有本末，事有终始。知所先后，则近道矣。"

"古之欲明明德于天下者，先治其国；欲治其国者，先齐其家；欲齐其家者，先修其身；欲修其身者，先正其心；欲正其心者，先诚其意；欲诚其意者，先致其知；致知在格物。物格而后知至，知至而后意诚，意诚而后心正，心正而后身修，身修而后家齐，家齐而后国治，国治而后天下平。自天子以至于庶人，壹是皆以修身为本。其本乱而末治者，否矣。其所厚者薄，而其所薄者厚，未之有也！"

为什么要先从"知"开始做起，《大学》"七证"开篇讲"知止而后有定"。俗话说："千古难明唯自知。""知"是明明德的第一条件，是明道悟道的基本。人与人的交流也要建立在共同的认知基础上，共同的认知才能产生通识。

"止"是儒家"内明"之学。"止"是"定"的因，"定"是止的"果"。"止"是让自己的心能"制心一处"，给自己一个清晰的定位，要知道生命能量流到哪里去，用到哪里去。这是一个认知的过程，认识到了"知"才能够"止"。

人们常说："英雄可以征服天下，而不能征服自己。"圣人之道，是要征服自己，而非征服天下，征服天下易，征服自己难。因为人的欲望、思想、情绪、意识等每时每刻都在变化，犹如一股滚滚洪流，对境动心或以心造境，很难止步。"知止"告诉我们要知道做人、做事的起点在哪里，并且知道在哪里停止。老子在《道德经》中说："知足不辱，知止不殆。""知"指正觉知，正遍知；"止"是指要停止对外攀缘，停止贪嗔痴，停止对名利权情的执着，随时自省。知道"止"的时机，便会适可而止。人的思想形态是由意识产生的，现实随时都有矛盾的乱流，每一次起心动念都是在"播种"，"种子"在某些环境中遇上"缘"就会形成业力。无论愿意与否，如果不打理自己心中的田野，它就会杂草丛生。

观照内心是否在"明明德，在亲民，在止于至善"。《素书》第四章"本德宗道"讲"先莫先于修德"。《大学》中说："自天子以至于庶人，壹是皆以修身为本。"修身之本是修德。治人事天，无德者，则天不应，人不顺。修德的目的是建立自我，唯有建立自我才会有本性具足的"定"。知"止"才能内明，才能制心一处、系心一缘。"止"是"定"的前奏，"定"是"止"的成效。正如《论语为政》中所说："吾十有五而志于学，三十而立，四十而不惑，五十而知天命，六十而耳顺，七十而从心所欲，不逾矩。"三十而立，立什么？就是给自己的人生立一个方向、志向。

"身不修"，则"心不正"，"心不正"，则"意不诚"。当一个人"意不诚""心不正""身不修"时，德行上就会有缺陷，人格就不会完整。

关于"定位理论"，早在两千多年前中国先圣哲人就提出"知止而后有定"。南怀瑾在《原本大学微言》中提出："每个人立身于这个社会，都要给自己定位，也就是自己要确定这一生要干什么。在做一件事的时候，要知道自己怎么做，'止'于这一理念上，才能处变而宠辱不惊，处事而无悔。如能做到这个样子，在滚滚红尘里，也算得是一等一的人了。"[1]

"静"生慧，唯有让心定下来才能真正"觉"，即连接智慧，真正的安静一定是生命层次上的自我觉醒。一个人每天都极度忙碌，但只要能够得到片刻宁静，内心就会觉得是很大的享受。"静"是为了"内明"，由"定"到"静"，是为了更"能"。《大学》"七证"的每一句都有一个"能"，这个世界是一个能量的世界，地球永远在转动，一分一秒都不会停止。人也是有能量和状态的，有时能量高，有时能量低；有时状态好，有时状态不好。人生也是一种状态，状态没有了，能量就没有了；能量没有了，一切就都没有了。

"安"，静而后能安，安定了才会静。人有了安，身体保持安定状态，生命就有了根，丢掉了思虑，摒弃了欲望，精神就得到了培养。"安静"这个口语表达的就是安定了才会静。人心安住了，才会"心安理得"。

"虑"，经过知、止、定、静、安的治心修养以后，人的慧力开发了，就可"明明德"了！

---

① 南怀瑾. 原本大学微言 [M] . 北京：东方出版社，2014：80.

"虑"字代表着"精思",指"因明"或"因果"逻辑的思辨,前面知、止、定、静、安的治心修养做好以后,经过思虑慧观,去除妄想、妄情,降服自己的贪婪与欲望之心,让自己的心回归平静,真正"明明德",进入"物有本末,事有终始"的状态。一把剑无论多么锋利,如果不能随时自省,即没有得到保养,很快就会废掉。一个人无论多么聪明、周全,多么敏捷、能干,也像一把宝剑一样,需要反省自修,回归平静,好好保养,再磨再利,这就是道的境界。因此,"静而后能安",接着便是"安而后能虑",安身可以立命,绝虑弃欲可以养神,才有接下来的"虑而后能得"。

到底要"得"到什么?大多数人会认为是"得"到最后的成就,但这个"得"与出发的原因是一致的。现实中很多人不知道原因就出发了,又有很多人忘记出发的原因,还有很多人不知道自己的目的地在哪里。这个"得"就是从"止"开始,得到最好的成果。这个"得"就是建立了一个不因困难而动摇的人格,找到了自己要完成的"使命",接近入道之门了。

这就是《大学》"七证"修身立足社会、完善人格的过程。"格物""致知""诚意""正心"等属于"内圣"之学。一个人要想让自己"内明"(圣)达"明德"境界,"外用"(王)于齐家、治国、平天下,就必须从"修身"立德开始,因而有"自天子以至于庶人,壹是皆以修身为本"。一个人要从"知止而后有定"开始,再由定而后层层转进,达到静、安、虑、得的造诣才行。

景辰先生点评

如何过好人生?首先问自己:相信自己吗?一个不相信自己的人,又如何能相信别人。一个人如果没有树立人生信念,就会把功利目标当成人生目标去努力,即使实现了目标,内心仍会处在一种"贫贱难耐凄凉,富贵不能乐业"的状态,最后沦为物欲的奴隶,活在焦虑不安之中。

最激动人心的突破并不来自技术,而是源于对能生而为人的意义有更加开阔的理解与认知。寻找和定位人生意义,让人生不再迷茫。人都应找到自己生命的意义,从而发现使命、定位使命,这一过程的关键就是"定",这是一种可以穿越任何苦难的力量。定位利他的事业使命,能让领导者或团队创造更有意义和成效的事业。

第二节　痛点即反转点

开篇对话

　　启因先生问：景辰先生，您在给企业及个人做咨询时会关注他们的痛点，并对痛点进行扫描与梳理，这对企业及个人有怎样的帮助？

　　景辰先生答：解决企业或个人的迷茫、焦虑、不安、恐惧等问题，要回到企业及个人的"价值原点"。企业的价值体现在找准社会的痛点和满足社会的需求上，没有需求就没有供给，企业及个人的社会价值来自解决他人或社会人群的痛点。

　　痛点有多大，产生的需求就可能有多大。解决什么样的痛点？怎样解决痛点？回答这些问题是战略定位的关键。企业及个人无论遇到怎样的困难或迷茫，最终都要回归到为人民群众解决痛点，基于此来思考问题。只要能解决社会和人民群众的痛点，就能实现企业及个人的价值。企业及个人要坚信自己能解决社会及人民群众的痛点，这样自身才有价值、有出路。

产品的八大痛点

好处	意图	动机
安全	产品 痛点	卖点
功能	需求	价值

一、痛点即反转点

一家钢琴企业在做市场推广的时候遇到了很大的阻力，他们一直在强调自己的钢琴质量好，以及钢琴是如何弹出美妙的曲子的，但是家长对这些根本不感兴趣。后来，这家钢琴企业通过系统梳理与市场调查，发现许多家庭都担心自己的孩子会学坏，于是他们顺应客户的需求，策划了一句广告语——"学钢琴的孩子不会变坏"，以这个诉求作为产品发力点。结果，很多家长都为孩子购买了钢琴。

从这个案例中，你或许会发现顾客购买的不是产品的功能，而是需求的解决方案。深度挖掘客户的需求，把产品的特点转化为顾客需求的解决方案，你就找到了成功的关键。

苦难即菩提，痛点即成长点，痛点即价值点，民之痛点即民之所望。生命就是一场修行，一切苦难都能让我们"看到"与"悟道"。见他人所不能见者，方能成他人所不能成之事。想成就人就要练就成就人的本领，首要修炼的就是成就人的心。没有功德一定不会有福德，我们这颗心就是用来修福德的。

二、痛点即商业引爆点

哪里有痛点，哪里就有需求，就有价值。大数据时代，企业能精准挖掘顾客的痛点，满足用户需求，这也是企业必须提供的价值。例如，中国餐饮行业市场规模非常大，中国最大的火锅品牌海底捞，其在经营上有独到之处。截至 2021 年 12 月 31 日，海底捞有 300 多家门店，年营业收入超过 411 亿元。相比肯德基、麦当劳等西式餐饮品牌，海底捞的成功在于解决了中餐品类中品质标准化、食品安全标准化、味道标准化、食材标准化等问题。中餐最大的痛点其实就是难以实现标准化。同时，在海底捞就餐，顾客会享受到热情的服务，这种服务在海底捞看来也是可以标准化的。另外，火锅之所以能成为最大品类，就在于它较传统正餐而言，在选材、切配、制作等环节实现标准化要容易一些。如果一家传统正餐酒楼也像海底捞一样开 300 家连锁店，那么想要使品质、服务、清洁等的标准保持一致，其难度不亚于探月工程。

三、痒点、痛点即价值点

一家企业的产品要征服一类人群，则不能仅仅满足人群的第一需求。此类人群共有的痛点，实际上就是一个痛点群，而且痛点里还会有很多隐痛点。很多企业总是说要抓住用户的痛点，但即便抓住了痛点，也依然没能成功，问题就是忽视了客户的痒点。当你后背痒的时候，想让别人给你挠一挠，你就得不停地定位：左边一点、右边一点……找准痒点是很难的，只有找到那一个点你才会舒服。例如，美国脱口秀节目的要求是每 30 秒让观众笑一次，这就是节目的痒点。拼多多的崛起抓住了人们求便宜的心理，但是你仔细对比后会发现，拼多多有些产品的确非常便宜，但它同时也在销售正常价格甚至高价的商品。

前提很明确，你的产品和服务要针对不同的群体，但是群体的痛点是很难把握的，因此要从一个点入手。以 e 袋洗为例，它的起点就是一家洗衣店，但只要它在某地开一家洗衣店，周围就会新开七到九家洗衣店，最后大家只能打价格战，不赚钱也要死撑，因为房租、设备成本、耗材等都投入了，所有人都卡在那个死不了也活不痛快的点上。再如，中国餐饮品牌真功夫的成功在于聚焦中国人喜欢吃"蒸品"这个点。中国人喜欢喝茶或喝温水，喜欢吃熟食，特别是蒸的；而西方人喜欢喝冷水，甚至还喜欢吃生牛肉。这是因为东西方人群在不同环境中形成了不同的饮食习惯，形成了不同体质。

其实，在中国这么大的市场，只要能找到一个痛点并将其转变为引爆点，就会有难以想象的收获。全中国有 14 多亿人，只要产品能占有 1% 的市场份额，那经营收益将会非常可观，任何一家企业都有可能通过找准用户痛点，获得可观收益。

四、痛点即卖点

常听到有些人说，现在的生意很难做，因为他们受到了原材料人工成本上涨、假冒伪劣产品等的冲击。在笔者看来，可以换一种思维方式：如果行业没有痛点，没有混乱，就没有企业发展的机会。一个不乱的、规则的行业，只会有益于行业内排名第一或第二的企业，但对排名第三的企业没有好处。"数一数二"产品战略思维原则在行业竞争中非常有用。

行业的痛点就是突破点。再换一种思维：如果你是行业的第一或第二，就一定要呼唤政府来规范这个行业，因为一个行业一旦建立了标准，就等于给你的竞争对手设立了门槛。如果你还不是行业的第一或第二，就一定要热烈拥抱行业的痛点，因为痛点就是你的引爆点、反转点，即最大的商业机会。

以中国的挂面市场为例，其实做挂面并没有太多技术含量，但有一家叫克明面业股份有限公司的企业，从一个挂面小作坊做到了现在一年销售额几十亿元的公司。这家公司的创始人陈克明最早是做木匠的，给人做门窗和家具板材，在工作中不慎先后失去了两根手指，做不了木匠了，他便和家人商量做什么谋生。后来，他想到了做挂面，于是买了挂面挤压机器，开始做挂面生意。经过六七年的努力，公司每年销售额达三四千万元。陈克明开始思考挂面行业的未来在哪里。方便面行业有

"康师傅方便面""统一方便面"，但是挂面行业还没有出现品牌挂面。陈克明后来提炼出"三醒三蒸陈克明好面"的产品概念，设计了"一面之交、终生难忘"的产品广告标语。克明面业股份有限公司于 2012 年 3 月 16 日在深圳证券交易所挂牌上市，成为中国的挂面大王。

从陈克明挂面的成功案例可以看到，当市场痛点出现的时候，在消费者还没有品牌认知的情况下，机会就来了，痛点就是卖点，就是引爆点。

五、产品要解决消费者的痛点

社会发展的动力从哪里来？从需求中来。需求从哪里来？从痛点中来。因为有痛点，所以才有需求。每一个痛点的洞察都意味着一个战略机会。对商业来讲，痛点越大，机会越大，需求越大，卖点越强。因此，深入了解、倾听消费者的诉求，就变得特别重要。

产品的广告语是企业战略的表述，制定广告语必须从消费者的痛点出发，切记不要从企业自己想表达的意图出发。产品是企业品牌的重要支点，肩负着艰巨的传播使命，因此，要深入提炼产品诉求，解决"痛点是什么""带给用户怎样的社会价值"等问题。

伟大的企业生于伟大的时代，真正伟大的企业是懂人性的企业。大多数人的痛点来自欲望，比解决痛点更深层次的是满足消费者的欲望。市场有多大，就看消费者的欲望有多深。需求让人认同，欲望则让人向往。产品及品牌的崛起有两个秘诀：一是伟大的产品创意来自痛点的解决；二是痛点的解决具有深远的意义和价值。

景辰先生点评

世界上信仰人数最多的宗教是基督教，为什么？因为它找到了人的一个痛点，那就是人有"原罪"。中国的"儒释道"都找到了人的一个痛点。佛家找到了"众生皆苦"，道家找到了"修身养性"，儒家找到了"仁爱"。它们有的强调消极"出世"，有的强调积极"入世"。

人类一直生活在解决痛点与满足欲望的循环里，因此就有了一种现象——不满足就痛苦，满足了就会有新的迷茫，故有"七宗罪"之说：人类因抵挡不住对"美味"的追求，才有了暴食，喜欢享受美食；人类因抵挡不住对"美丽"的喜爱，才有了色欲，沉溺于声色犬马；人类因抵挡不住对"需求"的渴望，才有了贪婪，喜欢拥有无尽多的事物；人类因抵挡不住对"良好"的向往，才有了嫉妒，喜欢拥有归属感；人类因抵挡不住对"快乐"的喜爱，才有了暴怒，喜欢一时的开心；人类因抵挡不住对"便利"的追求，才有了懒惰，喜欢更轻松、便捷的生活方式；人类因抵挡不住对"成功"的渴望，才有了傲慢，喜欢独尊与荣华。

痛点扫描发问

1. 你现在的困惑是什么？最想在哪方面有所突破？
2. 未来三到五年内，你想把更多的精力放在哪里？
3. 标杆企业的产品有哪些价值、功能、卖点、好处？
4. 你所在的行业中，客户最大的痛点是什么？
5. 你所在的行业中，你的产品与他人的产品的差异在哪里？
6. 以消费者为中心思考，消费者的痛点有哪些？
7. 你所在的行业中，尚未被竞争对手解决的痛点有哪些？
8. 以自我优势为中心的产品或产品独一无二的优势解决了人们的哪些痛点？
9. 把你现在的业绩目标放大 10 倍，需要哪些条件？
10. 如何解决 1 000 家连锁餐饮店的品质标准化问题？
11. 你所在的行业中，做到行业第一需要具备哪些条件？

第三节　创业者多研究"失败学"

开篇对话

启因先生问：景辰先生，您在给企业及个人做咨询时，会关注他们的失败情况并对其进行扫描与梳理，这对企业及个人有怎样的帮助？

景辰先生答：当今中国社会经济体系不断成熟与完善，社会法治水平不断提高。如果企业家还是抱着"人有多大胆，地有多大产"的赌徒、侥幸、虚荣等心理，最终会被时代抛弃或淘汰。企业家要静下心来研究"失败学"，避免踩创业前行路上的"坑"。

一、人不能贪婪

从前有一个很穷的农民救了一条蛇的命，蛇为了报答他的救命之恩，表示可以满足他的愿望。这个人一开始只求丰衣足食，后来慢慢地贪欲膨胀，要求做官，蛇都满足了他。做了宰相后，农民还要求做皇帝。蛇此时终于明白，人的贪欲是无底线的，于是一口把这个人吞掉了。

人们用"人心不足蛇吞象"来比喻人的贪欲永远不会满足，就像蛇贪欲很大最终想吞食大象一样。《庄子》中说："鹪鹩巢于深林，不过一枝；偃鼠饮河，不过满腹。"意思是说，鸟在林子里安家，所占用的不过是无数棵树的一根树枝；偃鼠在河边喝水，最多不过喝到饱腹为止。这告诉我们做人不要贪婪，因为贪婪是许多祸事的根源。贪吃蜂蜜的苍蝇会溺死在蜜浆里。有些人因为贪婪，想得到更多的东西，却连现在拥有的都失却了。有人说，贪婪是一种精神病态。渴求那些自己并不真正需要的东西，难道不是病态吗？贪欲是个无底洞，人应当戒除贪欲，放弃那些多余的、不需要的东西。因为那些东西对人的幸福来说，就是"余食赘行"。《道德经》云："余食赘行，物或恶之，故有道者不处。"贪婪不但不能助人成功，反而会阻碍人得到幸福。人应该舍弃贪婪之心，追求平静、平和的内心状态。

二、不要轻信"成功学"

"成功学"骗人有三个法宝：一是利用所谓的名人合影；二是成功学大师会吹嘘自己的名车（标榜自己是成功人士）；三是"画个大饼"，大师开口说自己咨询费数十万元（可以带你见名人、影星、总统等），帮助谁成功了，"你要跟对人，跟对教练，人生成功要有教练"。其实有些事情不用请律师，用常识良知就可以判断。例如，某大师所谓的"标榜成功配件"，仔细一查，他的名车是租来的；所谓的名人合影是"蹭"合影；动不动就说自己是亿万富翁，"吹牛不打草稿的"，都是骗人的。

"成功可以复制"的观点曾经误导了很多人。现在，越来越多人将"成功不可复制"奉为经典。事实上，"成功不可复制"这句话正在误导更多的人，给正处于迷茫中的年轻人错误的指引，特别是没有处世经验的大学生，还有一些急于创业的年轻人。简单地定义成功可复制或不可复制，都是不负责任的。很多人学习和研究成功人士，都是去看他做了什么事、用了什么方法。成功人士获得成功的关键不是他们做了什么事、用了什么方法，而是他们为什么要做这些事、为什么要用这些方法。他们做这些事、用这些方法背后的智慧和精神是关键，这才是我们要向他们学习的。成功人士能够成功的原因是什么？笔者给出的答案是问心——心纯见真。

三、"成功学"贩卖的是侥幸、虚荣、欲望

其实"成功学"大师的骗术并不高明。在国外，与名人合影真的不算什么，就算在国内，与名人合影也不算太难，只是很多人没有渠道而已。再说与这些名人合影后，人生又会有什么不同呢？除了满足自己的虚荣心之外，还有可能就是利用合影忽悠人。有些大师吹嘘自己拥有多少辆名车，即使真的拥有了名车又如何，这些钱是从哪里来的呢？所谓的带你成功、学演讲销售、学模式设计，他们的最终目的还是钱。用基本的价值观就可以判断，能说出这样话的人，本身就虚荣。真正有修养的企业家或顶尖人士，大多生活过得非常简单，不会这么要面子或生活奢侈，只要用心核实一下就知真假。

四、让心灵回归"朴实"

乌鸦先生出去旅行，途中遇到一群孔雀。乌鸦先生看到孔雀如此美丽，就拿自己

的羽毛与它们对比，孔雀的羽毛又大又亮，色彩鲜艳；自己的羽毛却又黑又丑。乌鸦先生心想：如果自己能像孔雀一样美丽漂亮该多好啊！于是，乌鸦先生开始整天整夜地盘算把自己变成一只孔雀，怎么做呢？乌鸦先生开始像孔雀一样吃坚果，像它们一样跳舞。有一天，乌鸦先生有了一个主意，把孔雀掉落的羽毛收集起来，收集到足够多的羽毛后，它就插满全身。乌鸦先生的孔雀梦终于实现了。

乌鸦先生回到家，乌鸦太太把所有的乌鸦都请来了，大家欢迎乌鸦先生回来。大家问："乌鸦先生，你的假期怎么样？我们大家真的很想你。"乌鸦先生说："假期过得很愉快，但是现在我不再是一只丑陋的乌鸦了，我变成了一只美丽的孔雀。我应该和孔雀们在一起。"于是，乌鸦先生飞到孔雀群里，说自己是孔雀，想留下来。孔雀们商量了一下，同意让这只奇怪的孔雀留下。有一天下雨，乌鸦先生的孔雀羽毛掉了下来，孔雀们发现这位来客并不是孔雀。乌鸦先生争辩道："我当然是一只孔雀，我跟你们一样，和你们一起住，我甚至有和你们一样的羽毛。"孔雀们说："你乌黑的羽毛，看起来很英俊，更重要的是你的羽毛可以让你飞上高高的天空，而我们孔雀飞不高，我们希望自己能像你一样触摸天空。但是你离开你的大家庭来到这里，只是为了变成一只孔雀，这太遗憾了。"

乌鸦先生意识到了自己的愚蠢，发现自己在这个过程中否定了自我，失去了自己的家庭和朋友，后悔自己贪慕虚荣。

五、人心不古，心纯方能见真

为什么"成功学"还这么有市场呢？为什么社会上还会频繁出现这种奇怪的现象呢？为啥还有这么多人热衷于"成功学"呢？有些人认为，许多脚踏实地、靠自己努力去赚钱的人很难有大成就，顶多能够果腹，但那些所谓"成功"的骗子，通过吹嘘自己，让大家感觉他们好像置身于"成功的殿堂"。所谓的大师也好，骗子也罢，其实他们主要抓住了现代人"城市房价高""生存压力大"的心理恐慌。于是，有的人明明根据常识就可以判断真假，却仍被这些并不高明的骗术所骗。

其实不是骗子的话术多精湛，而是我们的内心太浮躁，相信那个"大饼"自己也可以拿到。"成功学"就是勾起人的虚荣与欲望。真正的成功是守住自己的内心，做自己喜欢且有意义的事，而不是在乎别人的评价。太在意别人的评价，就会失去自己的内心。看不透事情的本质，不是因为我们的眼睛浑浊了，而是我们的内心浑浊了。心纯才能见真，才能守好内心。老子说："合抱之木，生于毫末；九层之台，起于累土。"做自己最喜欢而又有意义的事情，能靠这个养活自己，又能和喜欢的人在一起，这就是成功。这样一步一步慢慢来，不用急于追求所谓的"成功"。

现实的问题总会有办法解决的，创业者们一定要有"法商思维"，做决定前可以让律师帮忙把把关。

景辰先生点评

创业者或企业家们要学习"失败学"，多研究他人失败的案例，可以让自己少走弯路。俗语说："他山之石，可以攻玉。"比喻借鉴别人的经验或教训，可以帮助自己改正缺点。

第四节　聚焦，聚焦，再聚焦，照亮一个地方就够了

开篇对话

启因先生问：景辰先生，您在给企业及个人做咨询时会收集、汇总、分析问题，然后不断聚焦问题，进行"一句话精准表达"，这对企业及个人有怎样的帮助？

景辰先生答：聆听与梳理的过程，就是不断聚焦问题的过程。企业或个人通常遇到的问题，表面上是缺资源、缺资金、缺人脉、缺技术、缺人才等，但实际问题在于没有聚焦。聚焦才是最好的突破。因此，无论是企业还是个人都要学会聚焦。在聚焦、聚焦、再聚焦中使企业或自己的价值力聚焦、支撑力聚焦。

一位叫作普拉达的漂亮女孩，在 20 岁那年邂逅了一位街头艺术家。这位街头艺术家不但长得英俊，而且格外有才。两人一见钟情，但普拉达的父母不同意他们的女儿嫁给一位街头艺术家。被爱情冲昏了头脑的普拉达决定和男友私奔，两人租下一架飞机，想偷偷跑到希腊去结婚。可没想到飞机飞到半途就出故障了，而那位只顾自己保命的飞行员抢过一顶降落伞就跳下去逃生了，留下紧张、慌乱的两人在飞机里。在此紧急情况下，男友赶紧给普拉达穿上一个降落包，一把将她推出机舱，男友从此杳无音讯……后来，普拉达嫁给了一位富商。有一天，普拉达意外收到已经失去音讯的男友的信件，原来当年飞机掉落在了海上，男友并没有死，却因此面目全非，并失去了右手。收到信的普拉达泪如雨下，满世界寻找男友的下落，最终也没能找到。于是她便将自己的思念化为创作灵感，专心设计出了 Prada 著名的尼龙包系列。至今那段错过的爱情还在人们的口中流传，这就是 Prada 尼龙包系列背后的故事。

一、品牌是聚焦出来的

品牌本身不是商品，甚至没有实体，看不见，摸不着。但就是这个"虚拟形象"的存在，让人心甘情愿掏腰包购买它。普通品牌与精品品牌的差别在哪里？品牌到底能创造多少价值？品牌背后的产业价值影响力有多大？如何打造百年精品品牌？

在工厂时代，品牌以产品价值为导向；在市场时代，品牌以产品需求为导向；在"心智"时代，品牌以抢占人的心智为导向。品牌是消费者心智认知里的一个符号，抢占着人们的心智。例如，有些信仰或喜欢观世音菩萨的人，会感觉南海的观音是最灵的。在香港，很多人信仰关公，奉其为武财神，这是因为关公是仁义的象征。这些人物的 IP 已经抢占了人的心智认知，这就是个人 IP 的定位。再如，企业品牌抢占人的心智，"怕上火，喝王老吉"，这款红罐凉茶的销售量可以与可口可乐媲美。产品一旦成为品牌，就会在人们心智认知里形成一个符号。在古代，军队元帅手中一般掌握着一个可以号令千军万马的东西——虎符。古代皇帝都有一个象征权力的东西——玉玺，而一般人则只能用印章。现在的企业也要为品牌找到属性符号，因为符号赋予意义与象征，通过符号可以连接更大的世界与更多的资源。例如，三只松鼠传递的是"匠心坚果"；三棵树的"马上住"传递的是绿色装修的理念；"连起来可绕地球 3 圈"传递的是香飘飘奶茶的人气程度指数。

品牌在人们的心智中有五大规律：第一是品牌心智容量有限。品牌有成千上万种，但真正能在人们心智中形成认知，并抢占人们心智的少之又少。第二是在进化过程中，人类的心智喜欢简单，厌恶混乱。第三是人类天生缺乏安全感。在心智进化过程中，人类将安全感作为第一需求。第四是心智一旦形成认知或形成第一印象就很难改变。第五是心智容易丧失焦点，人始终对一个点保持专注力很难，因为人对未知的世界充满好奇心。

说起世界上企业营销中最神秘的东西，可口可乐的配方应该算其中之一。自从 1886 年可口可乐诞生以来，这个秘密已经被保守了 130 多年，配方分开保管，身份绝对保密。但是，如果真有人盗走了可口可乐的配方，那么他就能生产取代可口可乐的商品吗？答案是不能。就如可口可乐前总裁伍德拉夫曾说过，即使整个可口可乐公司一夜间化成灰烬，仅凭着"可口可乐"这个品牌，公司就能马上东山再起，言外之意是品牌比配方更值钱。

二、混乱是因为不聚焦了

品牌并不等同于商品，它是一个标签、一个符号、一张脸。差不多的产品，就因为这个符号，消费者就会有所偏好，愿意为这个符号多掏腰包。好品牌一旦抢占了消费者的心智，就可以让消费者上瘾。人的心智如同一座堡垒，一旦品牌在其中形成深度认知，消费者就会形成购买习惯。

同时，有些企业品牌在产品定位中存在一些误区，如品牌嫁接误区，有的企业直接将好产品进行品牌嫁接。例如，茅台酒是国内白酒品类的顶尖品牌，在看到中国啤酒市场有千亿份额时也想分一杯羹，于是在 2000 年斥巨资建立了啤酒生产线，想借茅台酒的知名度，打造出一款茅台啤酒，但是投资 2.4 亿元生产出来的茅台啤酒并不被消费者接受。可见加入"茅台"这两个字并没有使消费者产生信任。在人们的心智中，认同茅台酒并不代表认同茅台啤酒，反而消费者内心会有一个声音："几千元的茅台怎么就变成几元的茅台啤酒了？"这就是没有对茅台啤酒进行精细化定位的结果。雪花啤酒定位的是雪花的口感，"雪花勇闯天涯"。哈尔滨啤酒的"哈啤冰纯"营销哈尔滨的文化。再如，霸王凉茶也犯了同样的错误，因为在人们的心智中霸王洗发水是防脱发的，这是洗发水的品类，突然杀出一个霸王凉茶，人们对其第一印象就是"洗发水再好也不能喝"。

为什么很多品牌做大之后影响力反而变小了呢？很重要的原因就是企业经营者总想毫不费力地把一个品牌扩充到很多品类中，这就是很多已经成功的企业所犯的低级错误。

企业在品牌心智定位上要寻找品牌区隔点，挖掘客户的需求，研究产品品牌的差异化，以反竞争的思维方式进行品牌心智定位。在这一过程中要使用聚焦、聚焦、再聚焦的方法，让品牌在聚焦中强化、精简、创新、独立。企业在品牌定位中要有取舍，要有大舍大得的心态，让品牌的力量简单、清晰，具有一致性。

景辰先生点评

一个人拥有的都是由他的认知决定的，所有差别都是认知的差别，品牌要的就是影响力，应找到它要影响的范围。品牌定位不仅要做好差异化战略，解决企业经营方向的定位问题，更要注重企业"单点破局""单点制胜"，乃至力求在行业"破零"。

聚集定位是要企业明确做什么，不做什么。找到客户买我们的产品和不买竞争对手的产品的理由。定位就是让企业的产品在顾客心智中是独一无二或与众不同的，成为顾客的首选。

人与人的竞争是人的使命与定位的竞争，个人或当代企业家要做的就是发挥"心"的力量，带着使命去为国家、为人类、为世界做出自己的贡献。

品牌扫描发问

1. 你的品牌产品的核心竞争力是什么？
2. 你的品牌产品有哪些优势？
3. 你的品牌产品有设置闭环吗？
4. 购买你的品牌产品有哪些好处？
5. 你的品牌产品有哪些价值？

第五节　成功离不开良好的沟通能力

开篇对话

启因先生问：景辰先生，您在给企业及个人做咨询时会关注他们的沟通能力，并对语言和词汇进行扫描与梳理，这对企业及个人有怎样的帮助？

景辰先生答：语言不仅仅是声音或字形，语言是一种力量，你用它来表达、沟通和思考，你也用它来塑造自己的生活。误用语言的人会堕入苦海，慎用语言的人则会进入充满爱和美的世界，语言可以给人自由，也可以把人变成它的奴隶。

一个人每天要做出许多选择，如几点起床、吃什么东西、穿什么衣服、见到客户怎样表达等，每一个意念都在身、口、意中体现。"一言可以兴邦，一言可以丧邦"，说话不只是一种表达方式，还是一门技术！就像烹饪有食谱一样，说话也有它的"秘方"。NLP（神经语言程序学）大师罗伯特·迪尔茨说："改变语言模式就能转变信念，转变信念就能转变心情！"。

古往今来，凡是不懂说话之道者，都难成大事；而能成事者，一定在语言方面有其独特的能力。换一种思维来表达语言，就可以令人的心情有很大的不同。一句恰到好处的话，甚至可以改变一个人的命运。弗洛伊德认为："言语是人类意识的基本工具，因而有特别的力量。"对于言语的力量，他曾经这样写道："言语与魔法起初是同一件事儿，直到今天，言语仍保持着许多神奇的力量。通过言语，我们可以给别人带来极度的喜悦或最深的绝望；通过言语，老师将知识传授给学生；通过言语，演说家影响着听众，甚至主宰听众的判断和决定。言语唤起情绪，也常常是我们影响同伴的方式。"

在语言的魅力中，最厉害的就是14种回应术，这是基于人的潜意识的沟通，是与人的内心世界搭建桥梁的沟通。如果将这14种回应术内化于心，那么无论是项目谈判还是人际沟通，抑或家庭关系中对孩子的启发，都将受益良多。

14种语言回应术：

（1）正向意图：意图是行为的原因或根据，可以通过意图来判断一个人的价值观及行为背后的因果。

造句练习：我知道你是想要这个产品的，你觉得贵，是想把钱花得更值，对吗？

（2）重新定义：人有负面陈述与正面陈述，例如有消极评价与积极欣赏、你的立场与他人的立场、当下渴望与内在需求，用意思相近但含义不同的新词来替代信念陈述中的字眼，转移对方的注意力。

造句练习：我知道了，你是说这个产品不便宜，对吗？我们知道便宜的产品通常生产成本不太高。"一分钱一分货"，质量好的产品更有价值。因此，你买的产品是值得的。

（3）后果：说清楚如果个人不成长或不拥有某产品，未来会有什么后果。

造句练习：如果你现在不好好保养，那么再过三年或五年，你会是一个什么样的状态？一位客户在使用这款产品之后，多年的斑点都消失了。

（4）另一结果：某个产品或某件事情没有达到预期（发现新东西或遇到无法处理的情况），你要将不好的事情转换成好的事情，即转换结果。

造句练习：你之前有没有买过贵的产品？你会发现在这个产品为你带来了更多价值，或者说，购买这个产品之后会给你带来一些意想不到的好处。

（5）上推：指将事物向上归类，将信念的某个要素总结归类到更大的分类中，从而改变（或强化）信念所定义的内容。例如，痛苦遭遇是人生的宝贵经历。

造句练习：如果掌握了这个能力，你的收入就可以增加十倍，你觉得好还是不好？

（6）准则层次：找出信念确认的准则，并根据比它更重要的其他准则来重新评估（或强化）信念。例如，产品带来什么价值你就觉得不贵了？

造句练习：这个产品的特点在于不占用时间，使用起来没有疼痛感，可以随身携带。

（7）下切：分解信念的组成元素，拆成更小的片段，从而改变（或强化）由信念所定义的内容。例如，你觉得这个产品哪里贵？跟什么比贵？将长时间转化为短时间，将全部改变转化为一点点改变，将抽象评价转化为具体行为。

造句练习：这辆车的轮胎、挡风玻璃、排气管等跟其他车的价钱一样，只是刹车和发动机贵一点。

（8）现实检验策略：这是区分"幻想"与"现实"的策略，即重新评估（或强化）信念所说明的事实。人们从对世界的认知中提取出这个事实以便建立他们的信念。

造句练习：你怎么知道这个东西很贵呢？

（9）反例：找出一个例子或"违反规则的例外"来挑战或丰富由信念所定义的内容。反例不需要证明之前陈述的错误，但它们确实能挑战信念的"普遍性"。典型用语："所有""每个""从不""没有"等。

造句练习：是不是世界上所有的人都觉得它贵？是不是贵的东西你都不买？是不是过去买过一些产品，当时觉得贵，后来觉得其实特别好，带来的价值特别大？

（10）反击其身：破除内心原有信念的框架。

造句练习：正因为一直没有效果，才要下决心换掉旧的产品。

（11）比喻（横向类比）：横向类比的特点是寻找隐喻或比喻，在回应术中，比喻是指找到与总结或判断界定相类似的关系，以诱导思维进行归纳或演绎。横向类比是要找出激发新想法和新观点的比喻，从而找出由信念定义的一个关系的比喻或故事，这个类比可以挑战（或强化）信念定义的内容。例如，思维的升级，就像原先的绿皮火车升级为动车一样，是时代发展所需，可见思维升级是多么重要。

造句练习：掌握了"贵"这个思维工具，你的公司的发展好比绿皮火车变成了动车。

（12）另一世界观：从不同人的世界观（立场：你—我—他）重新评估（或强化）信念。例如，在成功者眼里，LV正因为贵，才配得上人的"贵气"。

造句练习：就是因为这个产品功能好，所以价格才贵，在成功者眼里，"贵"才配得上自己的身份。

（13）框架大小：从不同的情境重新评估（或强化）信念的含义，这些情境包括更长（或更短）的时间框架、较大的人群（或个人观点）、更大或更小的视野。例如，将时间框架变长或变短，从不同视角凸显数量，将视野范围变宽或变窄。

造句练习：这产品是限量版的，现在因为价格贵不买，明天可能就没有了，甚至可能会更贵！

（14）超越框架：从动态的个人化情境的框架重新评估信念，建立新的信念。

造句练习："贵"，你怎么可以允许自己这么想呢？功能多的产品会给你带来更多价值啊！

景辰先生点评

历史上伟大的人物都具有良好的语言沟通表达能力。佛陀、孔子、尼采、苏格拉底及近代的甘地、爱因斯坦、毛泽东等都是语言沟通表达方面的高人，特别是佛陀、孔子、尼采等智圣贤哲，他们绝大多数都是讲故事、做比喻的高手，他们几乎都不著书，其书籍作品都是弟子或后人编著而成。因为智慧表现在沟通中，他们在沟通交流中会确认对方的定位，与其产生智慧的连接。正如国学大师南怀瑾所说："书不尽言，言不尽意，自觉圣智，完成人格。"

第六节 "数一"战略思维

开篇对话

启因先生问：景辰先生，您在给企业及个人做咨询时会关注他们的核心竞争力，并对"数一"进行扫描与梳理，这对企业及个人有怎样的帮助？

景辰先生答：无论是对个人还是企业来说，核心竞争力都至关重要。它能帮助个人进行精准定位，找到适合自己的领域，并能使其成为该领域的佼佼者；同样地，核心竞争力也能帮助企业找准赛道，实现突破。因此，个人和企业要明确自己的核心竞争力，并以此制定发展战略。经营企业必须有战略定位，如果你的目标不明确，没有清晰的战略定位，那么企业发展到一定时期，遇到困难与瓶颈是必然的。

一、局部突破

2019 年以来，美国举全国之力制裁华为，美国为什么会下如此大的力气，非要制裁华为这样一家民营企业呢？大家都知道，早在 1998 年，华为在交换机领域已是行业的佼佼者，考虑到未来的发展与蜕变，华为开始与 IBM 进行项目合作，聘请 IBM 高管担任华为战略发展顾问，华为的整体"IT 策略与规划"正式启动，该项目聚焦客户关注的挑战和需求，聚焦提供有竞争力的通信解决方案和服务。经过深度梳理分析，华为认为通信设备领域潜力无限。于是，华为将使命定位为"成为世界一流的通信设备供应商"。

经过 20 多年的努力，如今的华为已是一家近万亿元级企业，并在世界通信设备领域拥有了自己的一席之地。美国为什么会制裁华为呢？因为华为在 5G 技术上领先美国，把西方技术领先的城墙撕开了一个巨大的口子，并在通信领域进行"单点破局"。华为的 5G 技术不仅领先美国、领先世界，更能对以后人们生活的方方面面产生巨大影响，这种技术领先的变革是美国不能容忍的。华为创始人任正非在接受记者访谈时说："其实华为在早期进入这一领域时，就料到可能会在技术发展到一定水平时，与美国企业在'技术山顶'上相遇。"华为今日的成绩与影响力得益于华为公司的聚焦战略。任正非多次强调华为要局部突破，目的就是把企业资源、技术、人才等集中向一个地方发力，在某个领域做到关键性技术的制高点突破。在"百年未有之大变局"的趋势下，中华民族的伟大复兴是所有中华儿女共同的使命，相信中国会有更多像华为这样的企业，拥有"局部领域突破"的战略思维。在"卡脖子"的技术问题上继续突破，也需要更多任正非式的中国企业家将人生的崇高理想与国家民族责任连接在一起。

二、"破零思维"

20 世纪 80 年代，普通人家里有台电视机、有辆摩托车都是一件了不起的事情。但随着消费能力持续增强，人均 GDP 上升，人们的消费习惯也在不断发生变化。人们未来对智能化、信息化的交通工具、家具等会提出更多的要求。

"没有永远成功的企业，只有时代的企业。"百度的无人驾驶汽车技术成熟；科技与物联网向各领域不断深入；第三产业服务业向更多领域多维度渗透；医疗与服务行业一个又一个领域 500 强诞生。这说明企业要有更高、更宽的行业产业观、国家产业发展观和世界技术趋势观。

未来商业社会的竞争将是企业家战略思维的竞争，也是企业家"破零思维"的竞争。众所周知，特斯拉在电动汽车领域是知名品牌，创始人埃隆·马斯克将特斯拉的企业使命定位为"加速世界向可持续能源的转变"。

马斯克的创业领域横跨电动汽车、航天及脑机互联，他在演讲时说："我梦想把人类送到火星生活。"这不仅仅是马斯克的一个念头，也是开启新的商业史的"破零思维"。

在马斯克看来，"认真、冒险的生活才是人生"。要快速推动变革，必须撬动人类的集体智慧。马斯克创业初期的核心战略分为两点，一是可持续发展的商业模式，能够支持公司创新，突破特定的技术瓶颈；二是引爆整个产业，吸引更多的资本进入这个行业，靠集体的力量加速推动变革完成。在马斯克看来，对未知的渴望与愿景是人类与生俱来的，人们的认知超越了地球，延伸到太阳系的其余部分。于是他盼望自己能连接人类更大的需求与未来的世界。有了这份追求，马斯克的人生就超越了一般的生命意义。马斯克的生命能量也与平常人不一样，他甚至每天感恩并非常欣慰自己还可以睁开眼睛，因为对他来说，生活不是单纯地解决问题，而是连接更大的世界。马斯克在演讲中说："特斯拉不会在广告上浪费任何一分钱。"马斯克涉猎的领域太多，他既发射火箭、制造超级电动汽车，还想在火星建造城市，帮助人类成为多星球的物种，让真正的宇宙空间存在差异化文明。很难给马斯克这个"钢铁侠"下一个准确的定义，或许他的职业应该是个梦想家，目前的成就都只是梦想家的玩具而已，这就是苹果创始人乔布斯所说："向那些疯狂的家伙们致敬。"可以看出马斯克这种"破零思维"正在引领新的发展趋势。这是独树一帜的战略思维方式，同时也是马斯克的企业最好的广告营销。

三、"数一思维"

"不谋万世者，不足谋一时；不谋全局者，不足谋一域。"在当今百年未有之大变局时代，产业链竞争将更加激烈。从产业发展变迁史的规律来看，当人均 GDP 翻一番时，需求迭代也会发生飞跃。技术低端的产业链，如制衣、制帽、制鞋向东南亚国家转移，电脑、电子配件制造与组装产业开始向巴西、智利等拉美国家转移。中国虽然制造产业链群较大，但大多数企业都处于制造产业链的中低端。企业需要把握其所在产业链位置及未来产业链的核心定位。

企业要聚焦核心竞争力，清晰定位自己在产业链中的位置。抢占产业链的制高点要有"数一思维"。什么是"数一思维"？例如，杰克·韦尔奇在拯救将面临破产的通用电气集团时，提出让公司每个业务领域都在市场上占据第一名或第二名，任何不能达到该要求的业务都必须整改、出售或关闭。毫无疑问，这样的目标非常清晰，非常具体，表述准确，没有任何抽象的东西。它表明了 GE 征服全球市场的雄心，把公司的使命真实地呈现给全体员工，这样做会带来好的结果。这一使命以不同的方式进入了全体员工的生活。回过头来看，1981 年，为了给 GE 确立与以往完全不同的奋斗使命，杰克·韦尔奇进行了充分准备。杰克·韦尔奇事前对技术优势、竞争对手及消费者做了深入分析，在此基础上，他决定"让通用成为世界上最具创新能力的电气产品设计商"，使通用的各项业务尽可能快速、彻底地实现全球化。例如，GE 有一项核心业务是生产飞机发动机，在以前 GE 更多的是将产品做好卖给波音公司、空客公司等飞机生产企业，属于一次性买卖。后来 GE 把发动机租给各大航空公司，只要飞机在天上飞，发动机每使用一分钟、每飞一厘米，GE 都有收益，这就是在核心业务上不断延展出来的业务利润。定位核心业务是考验企业家领导力、判断力的关键。

企业在定位时要通过核心产品、核心业务、核心技术等进行"单点突破＋利润突破"，这也是任正非让华为成为数一数二企业的法宝——"绝利一源"。企业要在哪一方面做到领先地位，需要从多个维度梳理扫描。例如，在产品的突破上要对产品的价值、功能、卖点、好处等进行多方位提炼与聚焦。要的不是加法，而是减法、排除法，把产品的优点列出来，然后在十中选三、三中选一……最后定在一个点上，实现"绝利一源"。

景辰先生点评

要把一个产品、一件事做到极致，就要用激光般的能量发出最强的光，这就需要企业对自身的优势与价值进行排序，然后聚焦、聚焦、再聚焦。资源聚焦定位时要先找一个标杆，然后找出超越标杆的方法。

"数一"扫描发问

1. 你所在的行业有无标杆？它们具有哪些优势？

2. 你的产品有哪些占领了市场第一的位置？该产品解决了消费者的哪些痛点？

3. 你的企业与行业里的标杆企业有哪些差异？

4. 你的企业做到行业第一名，需要怎样的条件？

第七节　长期主义与短期主义

开篇对话

启因先生问：景辰先生，您在给企业及个人做咨询时会关注他们的核心竞争力，并提出"单点破局"，这对企业及个人有怎样的帮助？

景辰先生答：专注力是"价值原点"之一。无论对企业还是个人，专注力都是非常重要的一种能力。纵观世界长寿企业都是先专注后多元，多元化中不离核心业务。那些百年企业更是把专注力发挥到极致。专注能激发核心竞争力，这也是破解迷茫、困惑的方法之一。

一、制心一处

创立一家百年长寿企业是很多企业家的梦想。日本有一家企业叫金刚组，这是一家开了近 1 440 年的企业，这家企业的实习生要先学习三年才能打好基础，十年才能转正。金刚组成立于我国南北朝时期，主要负责搭建皇家木制建筑，1 000 多年来主要是为皇家提供建筑建设与修缮服务。到了 1955 年，日本开始流行钢筋水泥类的建筑材料，为了活下去，金刚组转型做水泥建筑，然而经营后期负债累累，幸亏高松建设公司伸出援手才使其走出困境。自此，金刚组决定重新聚焦祖宗流传下来的木制建筑业务，发挥特长，从而得以延续。一家有着近 1 440 年历史的企业因为转型差点毁灭，这告诫我们，永远不要拿自己的弱项去跟别人比拼，要专注于自己的核心优势。

二、精力善用

日本有一家专门做"米花"的公司，叫"丸米株式会社"（中文名称：丸米股份有限公司），该公司的创始人在 1854 年由味噌、酱油酿造业起家，公司迄今已有 160 多年历史，一直专注于发酵食品的制造与开发，也是现今日本最大的味噌生产商。在丸米的 Logo 中，"○"代表松软、圆圆的大豆，米代表制作米曲的大米，它们都是制作味噌的重要原料，也是"丸米"名字的由来。据 2017 年日刊《现代经济通讯》统计，丸米的味噌市场占有率达到 25.3%，生产量遥遥领先，稳居日本销量第一。这家企业 160 多年来坚持企业经营的原点，即"专注于发酵技术研究，为人类健康生活做贡献"，把发酵技术作为企业核心竞争力，因为他们坚信发酵技术对人类的健康是有利的。早在 1 300 多年前的日本飞鸟时代，味噌就受到了重视，是日本料理中不可缺少的调味料。直至今日，通过发酵营养丰富的大豆制成的味噌仍支撑着人们的健康，对日本人的长寿也有着很大的影响。丸米以味噌、发酵为原点，重视米曲和大豆，通过日本自古以来的发酵技术，为人类的健康生活做贡献，这就是丸米"精力善用"的企业理念。

再如，日本有一家百年企业，叫"富山制药"。1690 年，江户城中一位大名突然腹痛，第二代富山藩主前田正甫献上了越中富山的秘药"返魂丹"，大名服下后腹痛即止，富山制药从此闻名。江户时代初期，日本各地疫病多发，药品严重不足，药物和医疗是贫穷的平民可望而不可即的东西。由于当时富山藩主下发了"药物也要运到人烟稀少的地方，以救助人民"的告示，药商将装着常备药的药箱免费发给各家各户，半年后再去拜访，补充药品时只收取使用过的药物的费用。这种"先用后利"的理念自富山制药创业之初便一直沿用，传承至今。

明治时代以后，率先把药品销往全国的制药企业是富山广贯堂。富山县内现有一座广贯堂资料馆，展示了富山制药创立以来售药的历史和珍贵资料，馆内还出售富山药品和药膳点心。现今富山县医药品的生产总额、生产企业数、从业人数等都高居日本第一位。

纵观进入我们印象的第一品牌，无不在众多竞争者中利用差异化来定位自己。但光有差异化还不够，企业必须具有清晰的使命定位。这个使命定位是长期的，是具有战略性质的。百年企业无不拥有自己清晰、精准的使命定位及企业经营的原点理念。对于个人或企业，如果继续坚持"制造更廉价的产品"的方向，就只会是死路一条，因为其他企业或国家会想办法把价格压得更低。

三、聚焦核心竞争力

著名的品牌定位之父特劳特研究发现："客户心智中最多只能为每个产品留下七个品牌空间，随着竞争的加剧，最终连七个品牌也容纳不下，只能给两个品牌留下心智空间。"这就是定位理论中著名的"二元法则"。1981年，杰克·韦尔奇就任美国通用电气集团CEO后，就运用了品牌第一心智法则，即聚焦核心竞争力，对于不是数一数二的业务，不管其盈利有多么丰厚，都得关停或转让给其他合作伙伴。因为人的心智认知有限，内部经营管理也一样，组织有太多选择，会给组织心智带来空前的紧张与危机。

杰克·韦尔奇深知组织中最有价值的竞争已不再是土地或资本，也不是人力资源、知识技术资源，但是这些资源如果没有得到牵引，都会变成成本。与其拥有八匹普通的马，不如骑上一匹好马。唯有让品牌所代表的心智资源变为消费者认知的唯一或给消费者留下最有价值的印象，品牌才能发挥真正的价值。

在商业信息更迭飞快的今天，人最重要的一件事就是定位自己的使命。作为企业家，不仅要定位企业使命，还要定位企业家精神。使命既可以带来想象不到的财富，还可以"绝利一源"——令你的品牌成为潜在顾客心智中某一品类的代表。真正有智慧的企业家在企业发展初期就制定了清晰的战略定位，定位企业的使命是赢得客户心智与提高团队"心力"的关键。例如，东阿阿胶从边缘化补血药物重新定位为"滋补国宝"，10年间市值从22亿元跃至400多亿元；瓜子网将"网上C2C交易模式"清晰定位为"瓜子直卖网"，去掉了中间商，创办两年估值25亿美元；小米的定位是爆款产品，消费群体定位为低消费人群，其也发展成为百亿元级企业；加多宝，将区域性药饮"凉茶"定位为"预防上火的饮料"，销售额从1亿元跃升200多亿元；顺丰定位为"做小件快递"，之后成为快递业的龙头企业。城市也要有自己的定位。例如，格林纳达作为一个岛国，从先前是"盛产香料的小岛"，重新定位为"加勒比海的原貌"后，引来游客无数，使该国原本30%以上的失业率消失得无影无踪。目前中国的特色小镇也是借鉴定位概念，结合当地环境、文化特色等定位自己未来发展的方向。定位就是让自己的企业和产品与众不同，形成核心竞争力，掌握消费者宝贵的心智。

因此，在当今时代，企业或个人不需要讨好所有的人，也不需要把自己的棱角磨平，而是发挥自己的使命与定位的力量，充分运用自己的特质与创造力。

景辰先生点评

这是一个伟大的时代，这是一个实现中华民族伟大复兴的时代，跟上这个时代，做最棒的自己，找到使命、定位使命、发挥使命、实现使命，不负此生！

一个人的生命有"时效性"，人生旅程就是一趟修福报、积福德的体验，是一场从此岸到彼岸的旅程。生命要"制心一处"，只有专一、专注、专心才能到达彼岸，用长期主义规划、引领短期主义，这趟旅途最大的幸福莫过于自己的使命。

第四章

立命

第一节　如何克服内心的焦虑与不安

开篇对话

启因先生问：景辰先生，您在给企业及个人做咨询时会关注他们的定位，并对企业、产品和个人的价值进行扫描与梳理。这对企业及个人有怎样的帮助？

景辰先生答：为什么一些创业者会迷茫、困惑与恐惧？因为他们手中的产品没有支撑力，没有使自己自信的支撑点。卖产品卖的是什么？是产品价值、产品精神、受人尊敬的企业家的人格精神。

一、你是否在找生命的意义？

当代人焦虑与不安主要有以下四个原因：一是心不自然了；二是心不纯粹了；三是没有读懂和理解生命的价值与意义；四是没有找到价值的支撑点。

学会认知生命，尊重生命。没有读懂自己，就没有读懂人。人生无论怎样选择，都需要使生命有意义。《大学》中说："所谓修身在正其心者，身有所忿懥，则不得其正；有所恐惧，则不得其正；有所好乐，则不得其正；有所忧患，则不得其正。"身者，心之外形者也。原本我们的心是身体的主人，是身体的主宰，但当一个人沉溺于物欲享受、感官刺激等时，心就成了身的奴隶。"忿懥"是指人的愤怒之状，人的愤怒是心在驱动。北宋理学家程颐指出，应为"心有所忿懥，则不得其正"，不应为身体的"身"。

如何解读"心有所忿懥，则不得其正"和"有所恐惧，则不得其正"？试想如果一个人时时刻刻都处于恐惧之中，时间一长，心性就没有了，就会形成思维惯性，心也就容易受外部环境的污染，自然会形成一种不良习气。我们应学习古代君子"富贵不能淫，贫贱不能移，威武不能屈"，即富贵不能迷惑其心志，贫贱不能改变其心志，威武不能屈服其心志的精神品格。现在有些人去相亲，就是为了找一个可以依靠的伴侣，或者想找一个可以让自己不用奋斗的伴侣。这样的婚姻从一开始就充满了恐惧与不安，其中一方只是想找一个物质上的依靠。

新婚时，夫妻俩感情很好，都展现自己好的一面，但时间长了，各种矛盾就出现了。表面上一些夫妻离婚是出于背叛、性格不合等原因，但根本原因是双方在婚姻里都活得不自然了。例如，老公在屋里抽烟，老婆就说："乌烟瘴气的，不是说了不要在房间里抽烟吗？"这时被抱怨的老公可能会去屋外抽烟。但是这话里隐藏着对老公的批评，这种批评包含着一种对伴侣的打击及负面评价。再如，老婆跟老公说："我照顾孩子很辛苦，需要你分担家务。"而老公却说："我上班很累了，我要赚钱，哪还有精力啊。"这表达出男方对家务的厌恶，如果夫妻继续争吵，就会持续这样的循环，之后是冷战，最终夫妻关系走向破裂。这些表面上是生活琐事造成的，其实是双方心中的忿懑、恐惧、不安导致的。

孔子说："未知生，焉知死？""未能事人，焉能事鬼？"一个人没有承担好责任，活人的事情都还没有弄清楚，哪有时间去研究死人的事情；侍奉人都还没侍奉好，怎么能侍奉鬼神。这是一种值得推崇的积极入世的哲学观点。

"朝闻道，夕死可矣。"这句话很容易被人误解为"早上明白了道理，晚上死了也可以"。但实际上孔子这里所讲的"道"是指宇宙间的一切法则、道理，包含到达某种道德标准、思想高度的途径。我们要提升对生命的认知，尊重生命，赋予生命意义。《论语·宪问》篇里记载孔子谈论"知命"时说："道之将行也与，命也；道之将废也与，命也。"意思是说，他尽了己力之所及，而把事情的成败交付给命。就孔子来说，"命"这个字的含义是"天命"或"天意"。换句话说，是朝着一定目标前进的一股力量。"命"的含义是宇宙间一切事物存在的条件和运动的力量。我们从事各种活动，其成功有赖于各种外部条件的配合。但是外部条件是否配合，有时不是人力所能控制的。因此，人所能做的只是竭尽己力，成败在所不计。这种人生态度就是"知命"。①

二、找到人生价值的支撑点是破解焦虑的解药

一是要回归价值原点。例如，一个农民工进城盖房子，房子盖好了，城市不需要他，他就开始焦虑了，原因是他不能再创造价值了。其实，每个人都要找到自己

---

① 冯友兰.中国哲学简史［M］.赵复三，译.北京：文化发展出版社，2018：42.

的价值切入点。

二是要回归责任驱动力的原点。好产品是可以疗愈生命的，是一种让人心灵舒服的艺术，制造好的产品是驱动力的原点。

三是要回归生命的原点。什么钱是不能赚的，什么钱是不能要的，人要学会拒绝，拒绝不需要的。现代人焦虑的一个原因是与内在的自己对峙，战胜他人容易，战胜自己很难。面对新时代，无论是企业还是个人，都要找到自己的"原点"。例如，一个人准备买车，如果预算是十几万元或二十几万元，他可能会选择省油、耐用、维修费用低的日系车。如果要买价格更高一些的，他可能会选择德系车，如宝马、奔驰、奥迪等。但企业家要留意其购买的关键动机，即驱动力是什么，有的人看重的是经典的外观、高端的性能和品质等。其实核心的驱动力就是产品力，即产品背后有隐形的力量在支撑着。这个选择有时不受历史、政治等因素的影响，消费者购买产品时总会选择他们认为的好产品。因此，企业家要思考自己的产品或企业是否有产品力，是否有支撑点。

产品是给人用的，创业者应思考有没有真正用心服务客户这个作为上帝的"人"。如果没有做到，就是没有对自己生产的产品心生敬畏、尊敬。没有给产品注入灵魂的企业，何来"顾客就是上帝"呢？因此，人们现在真正的困境、真正的迷茫在于经常把欲望当成目标，把驱动力建立在欲望上，而没有建立在人的需求上。

景辰先生点评

商品的销售定位很关键，但定位的背后是有产品价值逻辑的，是由企业在这个领域的专业度与基因属性所决定的。谁在用？给谁用？企业产品的灵魂支撑点又在哪里？有多少个价值支撑点？一个人无论在怎样的位置都要找到自己的价值点、支撑点或支撑力，最好能找到清晰的人生定位与使命。

第二节　拥有什么样的信念就拥有什么样的人生

开篇对话

启因先生问：景辰先生，您在给企业及个人做咨询时会关注他们的人生定位，并对"魂"进行扫描与梳理，这对企业及个人有怎样的帮助？

景辰先生答：迷茫中的创业者未来的出路在哪里？其实答案很明显，只是他们不懂得问自己。无论是寻找生命的"种子"，还是寻找人生的定位，关键在于自己要过怎样的人生。使命不仅是用来实现人生的崇高理想与目标的，更是用来承载人生这趟旅途的。

一、拥有什么样的信念就拥有什么样的人生

从前有两兄弟，哥哥叫慧思，弟弟叫慧想。兄弟俩都到了该结婚的年龄，但他们发现村子里没有称心如意的姑娘，于是决定一起到外面寻找。一天，他们来到了一个村庄，碰到一个长相一般的姑娘，慧思觉得这位姑娘正是自己心目中要找的意中人，于是他决定留下来。弟弟慧想看那个姑娘长相一般，就对哥哥说："今后还会有更多更好的姑娘，我们还是去别的地方再找找看吧。"慧思却摇摇头说："我就看中她了，你自己去找吧。"哥哥送别弟弟后，打听到那位姑娘名叫小婵，因为长得一般，所以一直没人提亲。慧思打听了当地求婚的习俗，当地人告诉他，求婚是要送牛的，男方必须用牛来做聘礼，普通的女孩只需要一两头牛，贤惠、漂亮的女孩要四五头牛，最多的是九头牛。

于是，慧思就买下了九头牛，第二天浩浩荡荡地赶着牛去求婚。当他敲开小婵

家的门时，她父亲出来了，惊讶地问年轻人："你有什么事？"慧思说："我看上了您家女儿，带着牛来求婚。"老人说："我家闺女只是一个普通的姑娘，三四头牛就行了，你送这么多牛来是不对的。如果我收下了，邻居会笑话我的。"慧思说："不，老伯伯，我认为您的女儿是世上最漂亮、最好的女孩，她的价值远不止九头牛，请您一定要收下。"老人推辞不掉，只好收下了。结婚之后，慧思一直把妻子当成世上最漂亮、最贤惠的女人来对待。五年之后，弟弟慧想还没有找到令自己满意的姑娘，就回到村庄找哥哥。走进村庄，慧想看到一个美丽的姑娘在河边洗衣服，他一下子看呆了：世上怎么会有这么漂亮的姑娘。他刚要上前和姑娘搭话，这位漂亮的姑娘却被一个三四岁的小男孩抱住了。

慧想顿时感到特别难过，但他还是走过去向她打听哥哥慧思的家在哪儿。姑娘说："你跟我来吧。"兄弟俩重逢后特别高兴，慧想问哥哥："怎么没见嫂子呢？"哥哥说："你不是已经见过了吗？刚才带你回来的就是你嫂子呀！"慧想怎么也不敢相信，这时小婵带着儿子走过来说："遇到慧思之前，所有的人，包括我的父母和我自己都觉得我很丑，没人娶我。我也以为自己顶多值三头牛，可是慧思却认为我的价值远超九头牛，把我娶回家。从那时起，我就坚信自己值九头牛，一直以九头牛的标准来要求自己，以报答你哥哥对我的知遇之恩，从此，我发现自己越来越漂亮了。"弟弟听后感慨万千。

生命成长的过程是不断自我定义的过程，人把自己定义成一块金子，就总会发光。决定我们的不仅有外在的条件，还有内心的信念。只要信念还在，生命的能量就会长存不息，最终就会得到想要的幸福。

二、活好自己需要坚持信念

人生只有一件事，就是"活好自己"。为什么孩子有时会叛逆，不听家长的话？因为他觉得自己受到了压迫。当你感觉自己没有活好时，你一定是认为自己比别人"小"了一截，而没有看到更"大"的自己。

很多人想找一个人来爱自己，当你有这个想法时，你潜意识认为，你不够爱自己，不接受、肯定、欣赏自己，所以希望有一个人来爱你。其实换一个思路：你活好了，别人才会喜欢你，才会愿意跟你在一起。没有人会愿意和一个活得不好的人在一起，因为别人不想成为你的样子。人生在世，要思考的就是好好地活，好好地爱自己，活出自己想要的样子。

三、信力生根，一切皆成

有一个 11 岁的小女孩，梦想成为一位最美丽的舞蹈家。她非常喜欢跟着音乐的节奏翩翩起舞，可是她很胖。她把这个梦想告诉一位老师，这位老师说："你条件不够，你看你身体那么肥，屁股那么大，不适合跳舞。"旁边的同学也嘲笑她："你肥得像猪一样，怎么可能会成为舞蹈家呢？"老师的批评加上同学的打击，让她感觉自己的梦想就此破灭了，她开始怀疑自己的人生，不喜欢与人打交道，成绩也慢慢下滑。她紧闭心门，患上了抑郁症，一年多没上学。后来，她遇到一位老奶奶，把自己的梦想讲给这位老奶奶听，老奶奶听后说："太棒了，你可以成为世界上胖胖的但舞姿最美的那个女孩。"听完老奶奶的话，这个女孩找回了自信，重新开始跳舞，后来取得了非常不错的成绩。

从这个故事可以看到，信念如同人生的支柱、沙漠中的绿洲、航海时的灯塔。欣赏力如同一颗种子在心田里生根、发芽，是一种能量宝藏。信念的伟大在于它能使人在遭受厄运时点燃希望的火炬，是翻转人生的隐形翅膀。当一个人拥有了强大的信念，即使遇到险境，也能扬起生活的风帆；即使身陷困窘，也能保持高洁的品行。

有强大信念的人经得起任何风暴。任何伟大的事业或作品不只是靠力量完成的，更要靠坚定不移的信念。一个人有足够强大的信念，就能创造奇迹。没有强大信念的人是没有灵魂的人，没有信念的企业就是没有灵魂的企业。信念是要用坚定的意志和不懈的奋斗去维护的。碌碌无为且缺乏幸福感、成就感的人往往缺乏强大而坚定的信念。

信念不是仅仅深藏于人内心的东西，它向外表现为行为和实践意志。信念是人们在长期的实践中逐步形成的，积淀了一个人多年的生活经验，包含了社会环境对他的影响。

当一个人拥有坚定的信念时，就会全身心投入信念所要求的事业中。精神高度集中，对自己相信和追求的事业全神贯注、充满热情，而且在行为上坚定不移，具有坚定信念的人的精神状态和行为状态都极稳定。信念与理想是紧密相连的，正如理想是多种多样的，信念也是多样化的。不同的人由于成长环境和性格等方面的不同而形成不同的信念。即使是同一个人，也会形成关于社会生活各方面的许多不同的信念。信念影响人们思维活动的范围，并以某种模式规范着人们的思考方式和情感表现方式。一切从相信开始，没有相信，一切苍白无力！

四、信念决定价值观

人的环境和处境会受到行为的影响，人每天的行为习惯也在创造着环境。人的行为受能力的影响，人的选择越多，就代表能力越大。

能力的上一层是信念，信念可以理解为一个人相信什么，相信这个世界应该是什么样子的。人的信念决定着人的价值观，价值观是一个人对事情重要性的排序。有些人认为身体比金钱重要，在他的价值观当中，身体健康摆在金钱之前，因此，价值观决定了一个人愿意在哪里花更多精力。一个人主要关注自己认为排序靠前的那些部分，也就是自己认为重要的部分。

身份有两个层面。一个层面叫角色。一个人上班时扮演的角色是员工或企业家，下班回家后扮演的角色可能是爸爸或儿子，这叫角色。另一个层面是哲学层面或更高的层面，即思考我是谁或我想成为什么样的人，这也是一种人生身份的定位。理解了这两个层级代表的是什么，就会发现一个很重要的逻辑：环境、行为影响着人，但一个人的行为又在不断创造着环境。

举个简单的例子：一个人抽完一支烟，正准备扔烟头，但地毯很干净，这么干净的地毯对这个人扔烟头的行为有没有影响呢？干净的地毯可能会让这个人不扔烟头的概率变高，但并不一定会让这个人百分之百不扔。言下之意，环境只能影响行为，让它发生的比例变大或变小，但并不一定能百分之百改变行为。若是这个人扔了烟头，环境就被破坏了，因此行为决定着环境。

下一层影响上一层，上一层决定下一层。理解了这点之后，想改变一个人应该更多从哪里着手呢？应该更多从上三层（身份、信念、价值观）着手。一个人的上三层一变，下三层（能力、行为、环境）就全变了，因为上三层决定下三层。

遗憾的是在生活、工作当中，人们的沟通更多的是浅度沟通，没有在信念与身份上沟通。人们通常在聊下三层，碰到问题首先也是考虑从下三层着手解决。例如，孩子的考试成绩不好，妈妈的第一反应就是请老师给他换个同桌。他跟新同桌坐一起没过几天，考试成绩又下降了。更有甚者，孩子一考不好，父母总想着要转到更好的学校。从这里可以看到，很多人通常在最低层级思考问题，这是大多数人最容易想到的，也是从表面上最容易解决的，事实上这些都只是影响因素，而真正的决定因素是在上三层。

信念的上一层是身份。身份是指自己是一个怎样的人，自己想成为一个怎样的人。信念指自己在乎什么、坚持什么，自己相信什么最重要，是对事物重要与否的排序。能力指技能，信念决定着一个人所拥有的能力。

人们在生活中经常谈的一个话题叫三观，即世界观、人生观、价值观。世界观决定人生观，人生观决定价值观，价值观决定方法论或行为。因此，人们经常说结婚要找三观一致的，这代表在上三层达成共识，下三层自然而然地就能够融在一起。

五、如何拥有永不磨灭的信念

为什么看不清前行的方向？为什么做事不长久，没有耐性？《大学》之道在讲什么？为什么讲"知止而后有定，定而后能静，静而后能安，安而后能虑，虑而后能得。物有本末，事有终始。知所先后，则近道矣"？"知止"告诉我们要知道起点在哪里，并且知道在哪里停。

《传习录》说："譬之金之在冶，经烈焰，受钳锤，当此之时，为金者甚苦。然自他人视之，方喜金之益精炼，而唯恐火力锤煅之不至。既其出冶，金亦自喜其挫折煅炼之有成矣。"

一个人想要拥有强大的信念，就需要在立志上下功夫。唯有立志的人，才能养气。志是目标，气是能量。制心一处，心存一则，做事有了明确的志向与目标，具有如如不动的诚意。定而后能静，有了定，心定下来了，定生慧，慧至从容。静而后能安，人的心只有安下来了，才能镇静不躁；心静下来了，才会有力量，才能心安理得，心安理得才能思虑周详。安而后能虑，这个"虑"指的是先天本有的智慧，儒家称"德智"，道家称"玄智"，佛家称"般若智慧"。

六、使命是人生最大的靠山

人的信念源于家庭教育、社会文化思想的灌输，是在自我体验中不断建立和创造的，是一个人过往经历的结晶，是一个人内在心智及思想体系形成的体现。强大的信念能帮助人建立价值观。强大的信念来自使命，使命是什么？使命是利他，是为大义。很多人把使命与愿景搞混了。先有使命再有愿景，使命是自己与外界的关系，愿景是自己想成为一个什么样的人、想创造一个什么样的企业。

信念指导价值观，使命则是个人或组织团队强大信念的靠山。例如，要创建一家企业，价值观是指这家企业什么事可以做，什么事不可以做；做什么事是对的，做什么事是错的。信念对价值观的具体内容有指导作用。人要持有永不磨灭的强大信念。

景辰先生点评

大到一个国家，小到每一个人，只有信仰坚定，才有力量前行。

对于企业来说，商业竞争手里不能只有一张牌，企业家手上必须握着一堆"王炸"。企业战略问题往往很难在企业自身找到解决方案，这意味着企业、企业家必须登高一线，重新定义、重新思考产业的边界在哪里。必须在企业（事业）之外的行业层面或产业层面思考，才能找到解决方案。

企业定位扫描发问

从产品出发

1. 你现在的核心产品是什么？
2. 这些产品能满足哪些客户的哪些需求？
3. 这些产品还能满足哪些客户？

从客户出发

1. 你现在的核心客户是谁？
2. 你还可以为这些客户提供哪些产品？
3. 你能满足这些客户的哪些需求？
4. 这些客户或客户的需求会涉及哪些产业？

从能力出发

1. 你的产品的核心技术是什么？
2. 制约你的企业发展或产品发展的瓶颈是什么？

从信念出发

1. 你的企业的愿景、使命和价值观是什么？
2. 当你的企业成为行业龙头，那时你的企业的使命是什么？

第三节　让你的产品会说话

开篇对话

启因先生问：景辰先生，您在给企业及个人做咨询时会关注他们的产品，并对产品进行扫描与梳理，这对企业及个人有怎样的帮助？

景辰先生答：无论是企业还是个人，都要有自己的产品力思维，因为这是产品存在的价值及赚钱的媒介。产品力不仅包含产品价值、解决客户痛点的功能、意义、卖点等，还包含文化属性、精神、思想。销售产品的最高境界是销售思想、精神与文化。

一、产品有一个"爆点"就够了

有一个很厉害的推销员，给牙医推销过牙刷，给面包师推销过面包，给盲人推销过电视机。有一次，一位朋友对他说："如果你能把我的啤酒卖出去，你才算是一个优秀的推销员。"于是推销员就来到朋友的啤酒工厂，问："你的啤酒有什么卖点？"朋友说："我的啤酒最大的卖点就是没卖点，跟别的啤酒都差不多。"推销员说："那你跟我说说你的啤酒的生产过程。"朋友说："啤酒在灌装之前要用高温的纯氧吹瓶子，吹完以后再覆上盖子，这样一来瓶中的啤酒就不会变质，口感十分清醇。"于是推销员就写了一句广告语：每一瓶舒立兹啤酒在灌装之前都要经过高温纯氧的吹制，才能保证口感的清冽。推销员还在广告语下方画了一个啤酒的生产工艺吹制图。

朋友不敢相信地说："这在我们啤酒生产行业里是再普通不过的工艺，不算是卖点啊！肯定不行。"推销员说："你相信我，我们可以签合同。"于是，朋友采用了这个广告语，后来这条广告语创造出德国一个著名的啤酒品牌。

产品要找到卖点，有一个"爆点"就够了。

这个世界是二元对立的关系，商业的本质是平衡供需关系，产品是连接供需关系、价值交换的媒介。想打造一款价值高的产品，就需要给产品一个精准定位。从某个角度来说，打造产品的能力是一种底层能力，是企业的生存之本。作为一家企业，要用你的产品与世界对话。有的企业设立了产品经理人制度，从产品的功能设计、运营策划、销售等方面进行系统的产品管理。产品定位是对产品本质的描述，它限定了这个产品有什么功能，做什么、不做什么，让用户明晰这个产品可以为他们提供什么价值。

二、给产品插上差异化的翅膀

目前制鞋业的竞争非常激烈，实体店不断关闭，很多生产厂商抱怨产品销售几乎没有什么利润，其中包括运动鞋市场。但耐克利润持续增长，这是因为耐克很早就细分了市场，并对产品进行了精准定位。耐克定位在运动鞋上，专门找一些世界级的运动员，为他们开发满足其需求的鞋。例如，迈克尔·乔丹灌篮必须跳得高，普通材质的鞋不可能做到，因此，耐克设计了带气垫的鞋，并进行功能测试，最后打造出一款能够增强人的弹跳力的鞋。耐克鞋长久不衰的原因就在于其专注于鞋子的功能，同时设计出符合年轻人审美风格的款式，满足了年轻人"即便不是灌篮高手也能穿耐克鞋"的心理需求。

只有更好地了解客户需求，才能做出使客户满意的产品，产品的热卖离不开用户的痛点、痒点。例如，在王老吉给自己定位时，经调查知道了广东有上千种凉茶。如何让王老吉这个租来的商标火起来呢？那就要洞悉用户心理，从最早定位为喝凉茶解渴上升到功能性凉茶，最后提出了"怕上火，喝王老吉"的广告语。

三、给产品做减法

在电商为王的时代，很多实体店都受到了冲击，而名创优品却发展得很好。名创优品（日语メイソウ）给人的印象是一家日本公司，其实创始人是中国人，他的名字叫叶国富。他把店开到世界80多个国家，在全球开了3 600家门店。名创优品为什么能成功？如果说过去很多企业的成功是靠渠道，那么未来企业的成功一定是靠产品的精准定位。以产品驱动销售是新零售的核心，也是未来企业核心竞争力的一个砝码。名创优品的成功就是做好了三个方面：一是开发具有竞争力的产品；二是聘用世界上顶级的设计师；三是开发新市场。核心就是坚持"凡是零售做得好的公司都是产品研发好的公司"的经营理念。名创优品的商品大多都是直接定制采购的，省去了渠道商，避免其赚取差价，从而节省了一大笔成本，还可以形成自己的采购数据管理系统。如果产品滞销或销量不大，那么可以立刻下架处理，这样就为管理者省去了很多麻烦，使上千家门店的运营情况一目了然。此外，设计师采用了日本设计师"减繁"的朴素生活理念，将复杂变得简约，甚至极简，根据这种理念设计出来的产品容易让人产生购买欲望。

景辰先生点评

　　从满足用户需求的角度，可以将产品分为三个维度：一是功能、外观及应用场景产品；二是情感赋能产品；三是文化赋能产品。中国企业家还有一种更大的时代及历史使命，就是通过企业的产品及品牌向世界传递中国文化精神。

产品力扫描发问

1. 你的产品让顾客非买不可的十大理由是什么？
2. 你的产品与标杆产品有哪些区别？
3. 当下分销商出售你的产品有什么好处？
4. 你的产品让顾客复购的理由是什么？

第四节　聚焦核心竞争力

开篇对话

启因先生问：景辰先生，您在给企业及个人做咨询时会关注他们的核心竞争力，并对"战略"进行扫描与梳理。这对企业及个人有怎样的帮助？

景辰先生答：迷茫中的企业家及个人的未来的出路在哪里？无论是从企业产品周期率来看还是从新时代大趋势来看，都离不开自己的"根"，机会不是运气，机会是努力的结果。把握时代节拍，踏准节奏，回归到提升自己的能力上。聚焦，聚焦，再聚焦，宁打一口井，不挖十个坑。

一、聚焦核心竞争力

从前，有一个人与一位金融家和一位昆虫学家在公园散步。金融家突然说："前面那个人掉了一个一分硬币，而且是 1958 年制造发行的。"昆虫学家赶紧走到前面去看，果然发现了那枚硬币，拿起来一看，果真是 1958 年的。之后三个人走着走着，昆虫学家突然说："听，前面有一只金蝉，而且那只金蝉是母的。"金融家快步走到前面，果真发现了这只金蝉，捉住后一看，果然是母的。

这个故事提醒所有的创业者不要轻易换行业，要深挖、深扎根，专注某一领域，把它做到行业一流，大家都会佩服的。

二、传递企业的使命与价值观

价值观体现在人的行动方面，是具体的、可以明确描述的，不能留给大家太多的想象空间。使命告诉人们"我们要到哪里去、为什么要做这件事、我们要提供什么样的价值、为社会或行业解决什么问题"。对于企业的价值观，大家必须像执行军事命令那样运用它们。例如，在"某公司的红包事件"中，决策层开除涉事员工的理由是违反企业的价值观，而不是员工违反企业管理制度第几款或第几条等。因为企业的价值观对企业及员工的行为具有指导作用。

在价值观层面上，企业里的每一个成员都应当有机会发表自己的看法。让员工深入地参与决策将产生迥然不同的效果，这能够提高企业的凝聚力，因为企业价值观的形成是一个反复实践的过程。

例如，阿里巴巴的价值观一开始也是不完善的，其最初总结出团队精神、教学相长、质量、简易、激情、开放、创新、专注、服务与尊重九条价值观。在不断变化中总结提炼价值观的精华，最终形成了现在的六大核心理念，也就是大家熟知的"六脉神剑"：客户第一、团队合作、拥抱变化、诚信、激情、敬业。为了落实价值观，阿里巴巴把企业的价值观列入员工的考核体系，这在国内企业里是非常少见的。只有将企业的使命与价值观融为一体、共同发挥作用，才能奠定成功之本。阿里巴巴以使命、价值观为引领的举措在国内开了先河。仅用 20 多年的时间，阿里巴巴就发展成世界级的企业。

企业如果不能找到正确的使命，不能树立明确的价值观，就将付出巨大的代价。企业管理经营涉及方方面面，企业的使命与价值观是最重要的。在竞争极度激烈的大环境中，使命与价值观能让企业在正确的航道上收获伟大前程。

三、"力"出一孔才能"利"出一孔

让现在的企业家真正感到焦虑、恐惧、不安的不是激烈的市场竞争，也不是他们能力不够，而是他们没有支撑力，包括产品的价值支撑力、干这项事业的支撑力。他们心里干事的能量不稳定，定不住自己。心力能量时常会受到外界的影响，导致"心力衰竭"。一个人没有心力，哪怕能力还在，也无力做好一件事，更不要说处理很多的事。

景辰先生点评

春秋时期，鲁国的财政发生了危机，管理者想要进行改革。闵子骞进言，不应轻易改变现有制度，若变更制度，对社会的影响会更大。故孔子评价闵子

骞说："夫人不言，言必有中。"孔子认为闵子骞"訚訚如也"，平常老老实实，不多说话，但是这次为了国家的利益、大众的利益，他说话了，而且说得很有意义，很对！他一说话就能把握住重点。因此，孔子赞赏闵子骞。这八个字告诉我们，当处理大事的时候，不要乱说话，要说就"言必有中"，像射箭打靶一样，一箭出去就中红心，说要说到点上。无论是做人还是做事，都要保持制心一处，都必须聚焦，聚焦，再聚焦。

第五节　拥有闭环思维

开篇对话

　　启因先生问：景辰先生，您在给企业及个人做咨询时会关注他们的闭环思维，并对战略闭环进行扫描与梳理。这对企业及个人有怎样的帮助？

　　景辰先生答：闭环是保证企业运营安全、可靠、稳定的十分重要的系统或运营模式，是企业品牌文化的支撑系统。正所谓人无我有，人有我优，人优我新。

　　老牛到咖啡店点了一杯咖啡，服务员老猫送来一杯咖啡，并送了一张卡。老猫说："这是您第一次光临新农咖啡店，因此额外再送您一杯咖啡，24 小时以后可以来领取。"老牛第二天过去领取，老猫说："我们这里有一个排行榜，本周喝咖啡最多的人可以获得一个大奖，大奖获得者可享受八折喝咖啡的优惠，但是获得者每周至少喝一次，否则这个奖励就作废了。"于是老牛在获奖后每周都喝咖啡，有的时候自己喝，有的时候就拿给身边的同事喝。

　　闭环式思维既相互独立又相互赋能。它具有一个非常强大的、坚不可摧的自循环系统。例如，有一个做天然气生意的企业家，给工业企业免费改造天然气设备，捆绑出售天然气。企业虽然与客户各取所需，但没有考虑到其他延伸产品的可行性，市场越来越窄。后来这位企业家改变了思维，打造了集物流、运输、保养等于一体的服务平台，生意越来越稳定了。

一、向动物借鉴闭环思维

　　闭环不仅是给自己和他人一个交代，也是保持核心竞争力的系统思维。一个完整的闭环包括计划、执行、检查、处理。如果我们用产品定位的思维来拆分认知行为，那么一个完整的闭环包含灵感意识、认知共识、决策行动、结果优化四个环节，四个环节首尾相连形成圆圈，利用这个闭环管理项目，能更好地实现预期结果。

举一个例子：烧烤摊摊主比企业高管更容易创业成功。为什么呢？因为烧烤摊摊主的生意虽然小，但是他做生意会完成整个闭环，包括找场地、进原料、生产、加工、销售等，因此烧烤摊摊主具备了掌握生意闭环的条件，从闭环的角度看，烧烤摊摊主把生意的整体逻辑走了一遍。企业高管虽然学历高，位置高，经验丰富，但高管的工作只是一个大系统中的一个环节。一旦独立创业，他反而不能在短时间内掌握完整的闭环系统。

科学家们发现，蜜蜂内部组织严密，分工明确，协作高效，一只蜜蜂一旦找到了花群，马上会通知一大群蜜蜂出动采花酿蜜，不管地形多么复杂，距离多么遥远，蜜蜂几乎总能找到到达的最优路线。蜂巢更是一个巨大的精密精细的工程，其构造精巧，结构坚固，承受力强。科学家研究发现，蜂巢能够承受很大的压力，可见，蜜蜂才是建筑力学的真正精通者。

它们是怎么做到的？蜜蜂有明确的分工，蜂王是统帅，一般待在蜂巢里负责产卵繁殖，不参加采蜜劳动，还有数只雄蜂负责与蜂王交配。工蜂负责采集食物、保巢攻敌等工作。它们日出而作，日落而归，忙个不停。它们依靠各自的分工和职责共同维持集体活动。人类也生活在集体中，我们每一个人就像一只蜜蜂，完成单个闭环可能非常简单，但是多个闭环连起来就十分复杂了，完成闭环的难度也大了。遇到问题我们会分工合作，通过不断行动完成一个个闭环，最终构建出自己的"蜂巢帝国"。

二、建立自己的金字塔能量系统

有些人学了很多课程，也掌握了很多知识，但是并没有将这些知识构建成一个系统。笔者在《心之力》一书中提到："心能转物，物能转心。"人的意识能量有四个层次："无意识，无能力；有意识，无能力；有意识，有能力；无意识，无能力。"我们的思维就如一个金字塔，而这个思维决定着我们意识的边界。

作为企业经营领导者或企业定位者，看事情要从全局角度出发，要在更高的思维层次看问题，抓住问题的要害，走一步能提前想出后三步。很多人在小学课本里都读过中国古代的一个故事——王戎识李。王戎是一个 7 岁的聪明少年，有一天跟小朋友们一块儿玩，突然在村子外头的道路边上看到一棵挂满果实的李子树。小朋友们一下子就兴奋起来了，他们争先恐后地往那棵树上爬，生怕落后，都去抢摘树上的李子。但是，王戎站在一边一动也不动，静静地看着这群小伙伴，也不上去摘树上的李子。这时有一个路过的大人觉得很奇怪，问王戎："你为什么不去摘李子啊？"王戎说："树上长满了李子是不假，可是这棵树长在路边，李子竟然还没被摘完，这李子一定是苦李子，吃不了的。"果然，小朋友们摘下李子吃了一口以后马上就大喊："好苦好酸啊！"

在这场游戏当中，王戎是赢家。他之所以是赢家，是因为他没有陷入一个公认的机会思维里。这棵树在大路边，每天那么多人路过，为什么大家都不摘。由于王戎思考了这个问题，他从一开始就知道这是一个陷阱，他的思维已上升到更高一级的维度了。他看破了局面，没有将自己的精力耗费在没有意义的事情上，自然而然地获得了认知优势，从而也获得了竞争优势。

景辰先生点评

中国企业家要具有闭环思维，中国的经济体量虽然庞大，产业链也比较完整，但产业仍集中在中低端，而在高端制造领域，如芯片领域，中国企业都处在被西方国家"卡脖子"的境地。中国要在高端制造领域上争得一席之地就必须在某一个闭环上融入自己独一无二的技术创新。例如，在新能源汽车领域，中国能和美国特斯拉争得半壁江山，得益于在新能源产业赛道上电池材料技术的领先。中国突破某一个核心点的同时，也需要在其他方面整合更多的资源，最终形成自己的闭环系统，才不会被西方"卡脖子"。

第六节　找到并发挥自己的"基因"优势

开篇对话

启因先生问：景辰先生，您在给企业及个人做咨询时会关注他们的基因，并对基因战略进行扫描与梳理。这对企业及个人有怎样的帮助？

景辰先生答：前面有讲，这个世界没有无用之人，也没有无用之物，关键要放对位置，放对位置后即使是垃圾也可以发挥很大的价值。企业及个人也都有自己的基因优势，找到自己的特质才能发挥更大的价值。

一、寻找并发挥自己的基因优势

就商业来说，每一家企业都有自己的基因。一家企业的伟大一定赢在具有伟大的基因上，一家企业的失败也一定是输在其基因的短板上。华为最早是做电话交换机的，它的基因是通信设备；阿里巴巴是做互联网的，它的基因是电商；腾讯是做社交软件的，它的基因是社交……

在商业界遥遥领先的阿里巴巴，2017年宣布进军无人超市。但这是一次失败的投资。2017年至今，阿里在全国各地建立了3万家无人超市，结果是鲜有人问津。阿里曾经宣布要做1万家代购，最终也是不了了之。

同样，还有沃尔玛、万达等曾经宣布要大力布局电商，但多以失败收场。其实，沃尔玛和万达都分别有自己强大的资本基因，可是当进入电商这个领域，并亲自去做电商的时候，最终还是失败了。万物都有自己的基因，商业也有自己的商业规则。

二、形成自己的系统基因优势

提起企业的成功，相信大多数人都会认为一个企业的成功是品牌运营的成功，也是品牌定位的成功，于是企业希望策划大师给自己策划一个成功的品牌。其实，企业的成功并不完全是因为品牌，经营逻辑也发挥了很大作用。企业围绕自己的基因优势，用自己的基因优势在竞争中找到差异化战略逻辑，从而获得某种独特的优势。

三、专注于核心技术基因优势

无论是企业还是个人，职业规划都要聚焦到核心优势上。企业或个人不去"深扎根"，就没有自己的独门绝技，在风险来临时很难生存下去。例如，戴森是做吸尘器的，在吸尘器这个领域很有名，一个吸尘器可以卖到两三千元。戴森后来又开发了加湿器、干手机、吹风机、风扇等产品，个个都很成功。2018 年，戴森的利润是 100 亿元，戴森的成功表面上是品牌运营的成功，其实真正的成功基因是它的数码马达核心技术，该技术使戴森在行业内有技术壁垒。戴森没有强调吸尘器的定位，而是将这个技术基因发挥到极致，并将技术基因复制到其他功能性产品上，利用这种优势为顾客带来更多的价值。每一家企业都有自己的强大基因，企业在进行多元化发展时也可能会陷入危机，因为企业有自己的经营长板，也有自己的经营短板。

再看另外一家快速成长的企业——美团。美团有很强的执行力，有营销代理商作为其核心基因。2022 年 9 月 20 日，美团刚刚在香港上市，它就成为国内第四大互联网公司。美团也拥有金融和资本的核心基因，这使其在很多领域都取得了较大的成功，如它通过资本的力量，收购摩拜、发展共享充电宝业务。它也有做营销、做代理的地面部队基因，因为它就是靠"地推"起家的。

淘宝、京东这些平台都通过导流获取利润。每一家企业都靠自己的优势基因赚钱。企业除了有优势基因，也有弱势基因。短板是不是不可以弥补？从前面的一些案例可以看出，短板是可以弥补的。

景辰先生点评

这个世界上，每个人的指纹是不一样的，每一个人的 DNA 也不一样，世界上没有一模一样的两片树叶。无论是企业还是个人，来到这个世界都应把握好这个时代机遇。怎么样应对？最好的方式是发挥自己的优势，建立自己的品牌，并占据人们的心智。企业要想成功就必须聚焦自己的核心优势，找到一个"爆点"。

企业基因扫描发问

1. 你的企业在这个行业的核心竞争优势有哪些?

2. 未来哪个方向将是你的主营方向?

3. 你的企业的主要营收来自哪里?

4. 你对企业的寿命有怎样的构想与预判?

第七节 用使命化解人生的诸多不顺

开篇对话

启因先生问：景辰先生，您在给企业及个人做咨询时会关注他们的使命，会帮助企业将使命提升到战略高度，并进行系统定位。您还提出了三步走的"使命战略"，即"寻找使命""激发使命""见证使命"。对使命原点进行扫描与梳理，这对企业及个人有怎样的帮助？

景辰先生答：企业或个人的支撑力来自哪里？当企业或个人对自己的产品没有信心，对自己做的事业没有信心的时候，要停下来去反省，思考一下自己到底失去了什么，答案之一就是失去了自己的"魂"。无论是企业还是个人，都要在这个世界立足，活出自己的尊严。问自己企业的"魂"在哪里，产品的"魂"在哪里。

何为使命？在汉语里，使命是指出使的人所领受的任务，比喻重大的责任。阅读完一个个企业故事，笔者觉得使命还有一个意思，就是指一种为世人、为社会做贡献的强烈意愿。使命是企业或个人动力与心力的源泉，心力不仅决定一个人的生命能量与智慧，也决定一个人的心智模式与思维模式。一个人具有怎样的习惯、心志，也决定着其拥有怎样的思想、行为和精神世界。

一、利他是最好的出路

传说世间一切生灵皆可修炼成仙，同时可修得极致之美。美人鱼自然也不例外，每修炼100年，美人鱼就会多长出一条象征着美的尾巴，拥有九条尾巴，便象征着功德圆满，连天上的神仙都要敬让三分。可是，这第九条尾巴却是极难修炼的。当美人鱼修炼到第八条尾巴时，得到了一个提示：如帮助遇见它的人实现一个愿望，美人鱼就会长出一条新的尾巴，但是从前的尾巴也会脱落一条，仍是八条。这看起来是个"周而复始"的死循环，无论怎样都不可能修炼出第九条尾巴。就这样修炼了不知道多少年，也不知道帮多少人实现了愿望，美人鱼仍然只有八条尾巴，于是它向佛祖抱怨："这样下去何时才能修炼得道？"佛祖只是笑而不语。

有一天，海面上突然刮起了狂风，一个少年不幸掉落海中，此时美人鱼不费吹灰之力就把少年救到了岸上。按照提示，它需要帮少年实现一个愿望，然后脱落一条尾巴，再长出一条新的尾巴，继续那个循环。少年被救后非常激动。美人鱼的传说在当地不知流传了多少年，而少年何其幸运，救他的竟然是美人鱼，并且还能实现自己的一个愿望，无论这个愿望多么奢侈。

美人鱼问少年的心愿是什么，少年一时之间竟回答不出来，于是美人鱼变身成一个普通的女孩，暂且住到了少年的家里。在之后相处的几天里，少年发现她的眼睛里除看透世事的淡然之外，竟然还有些许忧伤。当少年得知了循环的秘密之后，对这只神通广大的美人鱼产生了怜悯之心。直到有一天，美人鱼问少年："你到底有什么愿望？"少年想了想，很认真地问："真的什么愿望都可以实现吗？"美人鱼看了他一眼，坚定地说："当然可以。"少年微笑着一字一顿地说："那么，我的愿望就是让你能拥有第九条尾巴。"美人鱼愣住了，眼神里充满了疑惑，随后流露出一种难以言表的幸福。它深深拥抱着少年，很温暖。不久，美人鱼长出了华丽的第九条尾巴，变成了真正的九尾美人鱼。

原来得道的天机竟是如此，只有遇到一个愿意成全你的人，美人鱼才能修炼出第九条尾巴。美人鱼之前遇到的人都只为自己考虑，想着让美人鱼为他们实现自己的愿望，从不考虑美人鱼的感受，殊不知每一条尾巴都要美人鱼付出100年的修炼。人们在得到命运的眷顾时，所许的愿望都是满足自己的私欲。对于天上掉下来的幸运，人们总是享用得理所当然。愿意用自己难得的运气成全别人的圆满，这才是对美的最好诠释与呈现！

二、力与命

在一个节目里，主持人鲁豫问岳云鹏是如何与郭德纲认识的，岳云鹏说："当时我在一个小饭店干服务员，一个老先生说：你别干这个了，你学说相声吧！我给你介绍一个人，你跟他学相声。"或许是这个老先生发现岳云鹏有说相声的天赋，或许走入相声就是岳云鹏的"命"，但这个"命"里还得有那个老先生发现岳云鹏的天赋、特质。

为什么很多成功者的故事都强调努力的重要性？俗话说："读万卷书不如行万里路，行万里路不如阅人无数；阅人无数不如名师指路，名师指路不如自己去悟。"最后能悟到或得到什么？得到自己认可的人生真理，得到自己确定的信念。

人不逼自己就不知道自己多优秀！很多人都不承认自己的成功是靠运气或机遇，而是强调自我的努力。努力固然重要，很多人是撞上了一个风口，这才让自己"飞"了起来。但绝大多数人的成功要归功于个人的努力，改变命运要用心修炼自己的能力，提升能力可以悄悄地改变自己的命运。

三、用使命化解人生的诸多不顺

现代人焦虑的原因在于没有回归社会为或他人提供价值，包括现在一些大企业家，他们迷茫是因为无法为客户解决问题。真正的好产品是可以疗愈人的内心的。企业家可以问问自己，你生产产品时是否对客户心存敬畏？在"人性化"思维指导下生产出来的产品自然会受人喜爱与尊敬。

生而为人，人活着是要做事的，一旦闲得太久，就会出现问题。人作为"万物之灵"，不能像动物一样吃了睡、睡了吃。但在现实生活中，人活着就会遇到事业、爱情、人际关系等方面的问题和不顺。

如何化解人生的种种不顺？古人说："志不立事不成。"作为人，只有树立远大的志向，才能让生命力更强大。无论是企业还是个人，只有立下远大的志向，承担更大的社会责任，才能克服小我的私欲、贪婪等。一个人有了志向，才能克服种种困难，到达人生的彼岸。一家企业有了自己的志向与使命，才能带领团队成员克服困难、走向成功。这就是使命的力量，责任无限即使命无限。

使命可以使人的"三场"能量提升。

一是"心场"。使命能将生命的意义放大。人找到自己的使命后可以激发自己的热情，会给自己勇气和智慧，可以将自己的愿景与更大的世界连接。

人不敢做或做不了很多事，是因为心力不够。孔子说："朝闻道，夕死可矣。"使命无大小，它是一种利他精神，是一种强大的心力。这种心力可以让人一辈子将一件小事做到极致。人要学会守住内心，不受外界的诱惑。

使命蕴藏着一个人强大的自驱力。王阳明诗曰："人人自有定盘针，万化根源总在心。却笑从前颠倒见，枝枝叶叶外头寻。"在名利场中奔波沉浮的现代人，可能不知道自己是怎样走到现在的，但一定要知道自己未来要走向哪里。对企业家来说，是要找到自己的定盘针。

二是"脑场"。很多人迷茫，是因为一直奉行短期主义，做事情走一步看一步，没有明确的长期规划。如何让生命不再迷茫？那些成就非凡人生的人既不是在不断找目标，也不是在不断设目标，他们把实现崇高的理想作为终极目标。他们确立了连接更大世界的使命，一个人有了使命就有了自己的主心骨，也就有了自己的价值导向，就对一般事物有超强的辨别能力。

三是"力命场"。人活一世只有一条命，如何使用好这条命？使命的驱动之源就是用好这条命。把自己的着力点放在立志为世人、为社会做贡献。要找到社会的需求，将你的使命同社会的需求相结合。无论是企业还是个人，只有明确自己的使命，才有强大的内在动力，才能得到更多的外部支持，连接更大的资源。古语说："尽人事听天命，不知命，不足以为君子，自天佑之。"孔子一生遇到了很多挫折，但他从没停止践行自己的使命。使命是用来承载灵魂的，例如，有人问周恩来为什么而读书，他答"为中华之崛起而读书"。众所周知，曾国藩年轻时浮躁、傲慢，没有修养而且脾气暴躁。后来他立志改变自己，写下"不为圣贤，便为禽兽"的立志箴言。可以看到古圣先贤及伟大人物改变自己的方式就是立志。使命不仅是帮助我们实现人生价值的，也是用来承载精气神的，我们在履行使命中修行、完善自己的人格。

四、找到自己的使命

使命来自强大的"正念"，日本经营之圣稻盛和夫把中国传统文化应用到了极致。因为使命指导人的思维、行为，所以稻盛和夫以"敬天爱人""为世人、为社会做贡献"作为经营理念，提出了"成功的人生＝思维模式×热情×能力"的人生成功方程式。

生命本来是没有意义的，但是当你赋予生命意义，就成就了生命。佛祖找到的使命是"普渡众生"。人生的使命也并不是一下就能找到的，一些人是带着恐惧、索取心而祈祷的。例如，一些人烧香拜佛是"求佛祖保佑平安、发大财、升官"等，这些祈祷都是贪婪、自私的，都是为了满足私欲，而不是祈祷众生更好、天下更好。这就是有使命的人与没有使命的人的区别。

面对人的贪婪，要修一颗知足、慷慨的心；面对懒惰，要修一颗精进、勤奋的心；面对嫉妒，要修一颗宽容、欣赏的心；面对傲慢，要修一颗谦逊、谦和的心；面对淫欲，要修一颗坚贞、节制的心；面对愤怒，要修一颗温和、平和的心；面对暴食，要修一颗节约的心。拥有正向的信念可以克服或化解害怕、嫉妒、贪婪、愤怒的情绪。

因此，要不断体验生命，在体验中树立正确的世界观、人生观、价值观。例如，孔子问到了自己的"道"，才有了那句"朝闻道，夕死可矣"；佛陀问到了自己的"道"，在菩提树下静坐七七四十九天后大彻大悟；老子问到了自己的"道"，说出了宇宙的真理就是"道法自然"；西方哲学家尼采问到了自己的"道"，提出了生命的意义就是"为了生命寻找意义"的观点。每个人都应找到自己的使命，坚定地践行使命，通过践行使命完善人格。

使命可以让一个人的意识能量发挥到极致，形成一股强大的能量。因此，一个成就非凡的人一定懂得什么是使命，让他把更有智慧的人推荐给你，你也要吸引到这些人。要让天使投资人投资你，使他们认为你是一名值得投资的、有使命的企业家；让有资源的人把资源分享给你，让他们觉得你是一个付出热情、懂得感恩的人；让更有能力的团队成员把心交给你，让他们觉得你是一个懂得经营人性，并能带领团队看到未来的、有使命力的卓越领导人。

信念在哪里，焦点就在哪里，能量就在哪里。一般人的意念都在自己认为最重要的事上。不要让意念被外在牵引，而要做意念的主人。不要在认知之外行动，避免认知盲区。意念决定能量，认知决定边界，意念有无限能量，需要使命去承载。每个人都可以用自己的"自由意识"活出丰盛的人生。

景辰先生点评

古希腊哲学家阿基米德说："给我一个支点，我能撬动地球。"人一辈子能真正做好一件或几件事就很不容易了。在有限的生命里，更要思考生命的力量之源在哪里，找到自己生命的热情，并将生命的热情、财富与利他（利世人）结合，把一件事做到极致。

每个人的福报是有定数的。因此，愿力一定要真实。愿力即使命的力量之源，如果内心能与诸圣相应，福报将无尽，这也是心想事成的法则！

愿景、使命、雄心、身份扫描发问

愿景扫描发问

1. 你想为世界创造什么东西？

2. 你希望看到这个世界的什么更多或更少？

3. 你想要归属的世界是什么样子的？

使命扫描发问

1. 你为了实现更大的使命做过哪些努力？

2. 你为实现使命所做的独特贡献是什么？

3. 你为达成更大使命而贡献的天赋、资源、能力、行动是什么？

雄心扫描发问

1. 你想要为自己创造什么样的生活？

2. 你想在哪个领域做出成就、贡献？

3. 你的人生想要达成什么样的状态或表现？

4. 你想让别人认可或记住你什么？

5. 你希望能够在自己的简历和传记中加上什么？

身份扫描发问

1. 为了创造你想要的生活，你需要成为什么样的人？

2. 你想要成为的这个人具有哪些特质或品质？

3. 若给你想要成为的这个人写一个标签，你会写怎样的一句话？

第五章

相信

第一节　寻找生命的意义

开篇对话

启因先生问：景辰先生，您在给企业及个人做咨询时会关注他们的热情，并对热情进行扫描与梳理。这对企业及个人有怎样的帮助？

景辰先生答：前面有讲到"热情是生命的力量之源"，我在本节将从八个维度帮助更多的人找到自己生命的热情。

一、热情是生命的表达

如何找到生命的热情？如何将生命的热情融入自己的事业中去？那些创造非凡成就的人都发挥了哪些生命能量？如何克服创业中的困难？这些问题都需要发挥生命的热情，用生命的热情去创造财富及成就生命。

2001 年，日本著名主持人国谷裕子采访乔布斯，乔布斯在节目中就如何看待年轻人创业、如何传达理念分享了自己的看法。主持人问乔布斯："当您遇到重重困难时，您有考虑过放弃吗？"乔布斯回答："有些时候还是挺绝望的，但是现在我不这样想了。最早几年还是蛮痛苦的，我觉得最重要的事情是如果你要创造一项新事物，就必须充满热情。因为这真的很难，创建一家新公司是一件很难的事情，你必须很努力，如果你没有热情的话，你肯定会放弃。成功的人和没有成功的人的最大区别就是那些成功的人不放弃，失败的人很容易放弃，你真的必须保持热情，因为真的是太难了。"

迈克尔·杰克逊对音乐充满热情，留下经典的太空舞步；李小龙对武术充满热情，创立截拳道，成为武术宗师；金庸对写作充满着热情，成了文坛巨匠。凡是创造非凡成就的人，都充满热情。当你遇到困难和挫折时，仍需要保持热情。小孩子玩游戏几个小时都不觉得累，还是精力充沛，一点也不厌倦。因为在孩子的世界里没有难与不难，只有喜欢与不喜欢。相比小孩子，大人也一样，你也会发现几个人打麻将，一天也不知疲惫。这是为什么呢？因为困难与恐惧是一种感觉，必须保持热情才能更好地克服它们。换一个角度来看，人生的痛苦，除身体的痛苦之外，其他的痛苦都是来自精神上的。人要摆脱精神的痛苦就要找到生命的热情。人拥有了热情，生命就充满了能量，也就会生发喜悦。生命充满了热情，也就充满了无限的可能。热情是生命的表达，也是生命的力量之源。

二、热情是生命的力量之源

热情不仅是待人接物的良好态度，还是激发自身潜能的巨大力量之源。热情是生命的表达，拥有了热情就拥有了无穷的创造力，热情更是相信力的呈现，热情来自你看到的未来，并相信它一定会实现。人愿意为自己喜欢的事情贡献自己的热情。如果一个人在做事时缺乏热情，那么无论做什么事情都可能会因遭遇挫折而放弃。如果用一颗热情的心去做事，那么所做的事情往往会出现意想不到的效果，因为热情是克服恐惧的最好能量。因此，无论是培养团队，还是培养孩子，都要注意培养他们的热情，因为热情是一个人爱的力量之源，也是自信的源泉。只有自己内心充满了热情，充满了爱，才会把溢出来的热情与爱更好地奉献给别人。

人一旦弄清自己生命中最热爱的事，就能产生一种神奇的力量。即使你有一些其他的不足，也会得到弥补，因为热情可以把你的优势发挥到极致。生命没有了热情，也就没有了能量，那么即使再有才华也会一事无成。让生命充满热情是很多人成功的秘诀。

换一个角度来看，人与人之间除身体上的差别之外，另外一种看不见的差别就是思维方式的差别。人与人之间能量的比拼其实就是意识能量的比拼。人的意识能量的呈现就是对生命的热情。例如，乔布斯说"活着就要改变世界"；华为提出"成为世界一流的通信设备提供商"；特斯拉要成为"加速世界向可持续能源发展"的企业。可以看到，成就非凡的商业创造者，他们思维的起点与他人不一样，他们的认知范围与水平已经决定了最后的成功。

三、生活和工作都需要热情

有很多世界500强企业去美国西雅图派克街的一个鱼档集市学习经营之道。这是为什么呢？原来这个鱼档里的工作人员跟别的鱼档不一样，一般的鱼档都是顾客挑了鱼拿到收钱处称重，而这里是顾客挑好了鱼，抛到另一个工作人员那里，这个工作人员又把鱼抛给称重的那个工作人员，而且一边抛还一边热情洋溢地吆喝。一个人喊："一只螃蟹清一清哦。"很多人喊："清一清哦。"另一个人喊："接招，一尾青鱼来了。"然后有很多人又喊："一尾青鱼来了。"这好像不是在卖鱼，更像是在快乐地玩抛鱼游戏，员工们带着满脸的欢快笑容，引得众多路人驻足观看，路人被现场的欢乐气氛感染，脸上也洋溢着快乐。

鱼档的工作人员不仅在玩抛鱼游戏，还伴有夸张的动作，如学鱼游泳，还会说俏皮的话语："各位乡亲，我也帮人解决各种问题，不一定要和鱼有关，有什么问题就抛过来吧。"他们会在顾客靠近时喊："嘿，瞧瞧谁来了。"其他人也跟着喊："嘿，瞧瞧谁来了。"其中一名员工喊："一位美丽的姑娘朝我们走过来了。"其他人也跟着喊："走过来了。"因此每一个顾客在付钱时都非常开心，满脸笑容，他们不仅买到了鱼，还被工作人员的热情所感染。

从上面这个真实的故事我们可以看到，无论是生活还是工作，都需要热情。派克街鱼档的员工们没有把平凡、枯燥的鱼档售卖工作当成苦差事，相反，他们把工作当成游戏，当成可以带来快乐的趣事，在轻松说笑间让顾客不虚此行，即使是路过或观光的过客，也随时能感受快乐。

鱼档的员工能够给自己、同伴及顾客创造快乐体验，根源就在于他们是真正用心在工作。热情、细心、乐观和开朗，这些积极的特质都源于他们在工作中全身心投入。对派克街鱼档的大多数员工来说，他们并没有多少机会去选择比在鱼档售卖更体面的工作，但他们选择了用积极的态度来应对工作。卖鱼是专业门槛低的简单工作，但像派克街鱼档的员工们那样能够把简单工作做出彩，那就是不简单。

假如团队里每个人的热情都被点燃，那么这个团队将充满活力、激情、快乐、幸福！如果我们改变对待生活的态度，那么我们也将更加开心、平和、喜悦、幸福。选择积极的态度面对生活和工作，点燃热情！无论是生活还是工作，都需要热情。热情是一种状态，是一种强大的意愿、意念、渴望。

热情可以让一个人毫无理由地自信，可以克服一切恐惧与困难。当一个人有强烈的意愿，他心中的目标便放大了，困难则变小了。同时，热情可以使一个人保持专注，进入心无旁骛的意境。这一种强烈的渴望解决了人为什么存在、为什么而做、要到哪里去的问题。

四、立志激发人的热情

专则能精，精则能明，明则能诚。《大学》中提出了"明"和"诚"两个概念。"明"是"明明德"，也就是使内心的善性彰显出来。"诚"是"诚其意"，也就是使意念充满真诚。热情可以去除一个人的私欲，可以让你充满阳光，可以让你无畏无惧，可以让一个人的内心充满无限的能量。

人的思想凡发于形气的是为人心，凡发于义理的是为道心。人心充满私欲，故而危殆；道心容易被私欲遮蔽，故而微茫难求。人必须精研、专注、以诚信的态度奉行中庸之道。

确立一个志向，让生命保持热情。志不立天下无可做之事，志已立天下皆有可做之事。人最怕的不是做错了事，而是不做事以及做错了事不知道修正。宇宙的一切随时在变，因此，要自强、要随时反省，努力修养学问，要"苟日新、日日新、又日新"，要一直前进。

如果人能将自己的热情与社会价值挂钩，将自己的热情与财富挂钩，那么将会实现精神与物质的双丰收。唯有激发内在的热情，人才会专注。一个人最幸福的事情莫过于做自己喜欢的事情。因为热情是生命力的呈现，专注是热情的表现，一个人只有找到生命的热情，才能激发其生命的潜能。

五、热情是你所看到并相信的未来

人的热情在哪里，他的潜能就在哪里，找到热情就能激发其内在的动力和无限的潜能。当一个人找到了自己的热情时，他会更加认同、欣赏这个世界；当一个人充满热情时，他也会更爱这个世界。一个充满爱的人更愿意为世界奉献一切。一个人只会对他的热情所在的事情感到精力充沛。如何清晰定位，找到自己生命的热情？如何将热情转化为使命？

找到生命热情的八个方式如下：

一是要思考。"静生慧"，找一个安静的地方冥想，思考自己对什么能产生热情。这里有一个叫作"悟道"的东西，很多高僧都是通过"静生慧"悟出生命的真谛。例如，弘一法师在为陈师曾的一幅荷花图题字时悟出人生真谛——"一花一叶，孤芳致洁。昏波不染，成就慧业"。因此，要在安静的环境中思考生命的意义。

二是要记录。每天写日记或留意自己最开心、最有意义、最有价值的事情，记录每时每刻的美好。一段时间后，你会慢慢发现自己生命中最关注什么、最喜欢什么或对哪些东西最有感觉。

三是要体验。在自己喜欢的地方进行体验，想体验什么就用心去感受。感受大千世界，在大千世界中找到自己的一席之地。

四是要连接内在资源，发现自己内在所具有的特质。自己内在有哪些与众不同的品质？哪些品质是自己最喜欢的？触碰哪些事物会让自己最有能量？

五是要把热情与爱连接。很多时候没有动力是因为没有与爱进行连接，或者失去了爱的连接。想一想过往的哪些事让自己感动？想一想自己什么时候最开心、喜悦？

六是要找到自己生命中的"词汇心锚"。你最喜欢说的话是什么？最喜欢别人对你说哪些话？例如，"你真的很优秀""你真的好厉害""你真的很用心"等。

七是要发现痛点。痛点中蕴藏着巨大的能量，一个人的创伤也会是其最大的"爆点"，痛点给予的提示就是要解决问题，做出改变。

八是把热情与财富连接。把喜欢的事与财富连接，财富是价值感、成就感、归属感最直接的体现，将你所热爱的事与财富挂钩，你会获得源源不断的动力。

景辰先生点评

有些人因为看见了才相信，而有些人因为相信才在心里清晰地看到了未来的景象。只有坚持做你热爱的事情，你热爱的事情才会反过来拥抱、热爱你。生命没有了热情，就没有了能量。人没有了能量，就什么都没有了。每个人都

应该找到自己生命的热情，让生命活出意义。

生命的意义在于做你喜欢做的事情，了解你真正热爱的东西，保持热情可以让你获得更多前进的能量。保持热情是获得创造力的有效途径。热情是生命最好的力量之源。

创造自己的未来，先要知道"知止"，知道自己的方向在哪里，并对下一步实际行动有清晰的认知。就像登山，你不需要知道山顶离你还有多远，只需要关注你下一个立足处在哪里，知道下一步该把脚放在哪儿；只需要控制你的能量，把你的注意力集中在对你来说最重要的事情上，保持专注，一步一个脚印地朝你所想的方向移动。这种专注能让你更深入地与自己的意图能量连接起来，并使能量在一个点上爆发。

热情扫描发问

1. 如果你现在不再为生活发愁，你最想将时间花在哪里？
2. 当你有一天离开这个世界的时候，你会怎样总结自己？
3. 假如可以重新上一次大学，你会学习什么专业？
4. 如果给自己贴一个标签，你认为会是什么？
5. 如果可以拥有超能力，你会选择哪项超能力，为什么？
6. 在工作中，你希望掌握哪些技能？

第二节　寻找生命的"火花"

开篇对话

启因先生问：景辰先生，您在给企业及个人做咨询时会关注他们生命的"火花"，并对其进行扫描与梳理。这对企业及个人有怎样的帮助？您前面有讲到"寻找使命"，您相信每一个来到这个世界的人都有自己的使命吗？

景辰先生答：就如前面所分享的，生命的意义在哪里？每个人对意义的定义都不一样，或许说生命本来是没有意义的，是人为生命赋予了意义。婴儿每天都是快乐、无忧的。但长大后，他开始思考如何更好地活着，也就有了对生命问题的思考。

我认为每个人都有自己的使命，但这个使命不是上天赋予的，是自己赋予的，需要每个人自己去寻找。

中国有句俗语叫"三岁看小，七岁看老"。或许"个性"与"命运"在很小的时候就编排好了剧本，如果以后没有特殊变故或有目的的教育，人的个性基本上不会发生太大变化。稻盛和夫说："活着就是要不断提升心性，磨炼灵魂，让灵魂比降生时更为美好，让灵魂走的时候比来的时候更干净。"

近几年美国把中国列为最大的对手，发起意识形态的对立。如果我们还是按照过去的模式去"活"，就会迷茫。刻意去寻找生命的意义，反而会很累，会很艰难。人不一定要做到世俗定义的"成功"。我们身边还有爱你和你爱的人。当你选择寻找生命的热情，寻找自己喜欢做的事情时，如果能把自己生命的热情与利他挂钩，又何尝不是一种幸福呢？生活要有目标，但不能只是为了生活而活，不刻意去追求人生的意义，让自己活出生命本该具有的热情与"火花"，或许就是最大的意义。

我们要感谢曾经的每一个梦想，因为它让我们的生命更完整，让我们庆幸生而为人，生活有动力，值得奔赴。"火花"代表了对梦想、生命的期望。在人生的路上无论我们愿意或不愿意都已经出发了，要活在当下，活出喜悦，活出生命的热情，做自己喜欢的事，顺带将自己喜欢的事与利他挂钩，将生命的热情带给这个世界，这些才是我们真正要做的。

每个人都需要找到自己生命的热情与清晰的定位，把寻常的人生活出"热情与喜悦"，才是最不寻常的。说到这，有人会说："我们现在生活的时代压力很大！无法感到喜悦！"这是因为我们的欲望太多，能力匹配不上。没有聚焦、没有定位、没有连接热情，再加上各种杂念的纠缠，当然烦恼不断。当我们决定追寻生命的源头时，人生的一切困扰都有了答案。追寻生命的源头，给生命一个清晰的定位，进而解决人生的一切困扰。只有用心，才有出路；唯有行动，才是最大的觉醒。不论何时，都可以让我们的"心"重新启航、重新出发。

景辰先生点评

当我们烦躁不安时，一定是与真正的自己失联了。你的烦恼可以解救世界，你的烦恼蕴藏巨大的价值。"烦恼即菩提"，菩萨的伟大之处在于不会因为众生烦恼、习性恶劣而失去慈悲心。当我们快乐、顺利时，保持慈悲不难，但当身处逆境或被恶劣之人伤害时，保持慈悲并不容易，此时需要无我观和坚定的菩提心。

《华严经》："犹如莲花不着水，亦如日月不住空。"菩萨因为智慧不入轮回，也因为慈悲不舍众生。我们每个人其实都有清净、智慧的本然，只要我们肯保有正知、正念，精进闻思修，不断增上福慧，那么终有一天我们一定会达到圆满的证悟。

第三节 通达的人是怎样的人

开篇对话

启因先生问：景辰先生，您在给企业及个人做咨询时会关注他们的人格，并对人格进行扫描与梳理。这对企业及个人有怎样的帮助？

景辰先生答：为什么人会为钱、为情所困？为什么爱会受伤？因为舍不得、放不下、怕失去，怕付出太多，得不到自己想要的。为什么会有这些痛苦的感受呢？因为缺乏安全感。更深一步扫描分析，其实是人格的不完整。唯有从"向外求"回归到"向内求"才是出路。向内求，活出自由，用自由意志活出丰盛的人生。

一、通达的人明理

古人常言："读书明志，读书明心，读书明理。"英国著名哲学家培根说："读书不是为了雄辩和驳斥，也不是为了轻信和盲从，而是为了思考和权衡。"《素书》："才足以鉴古，明足以照下。""才足以鉴古"是指有才华、智慧与思维敏捷的人，可以通晓事物之间的情理关系，可以借鉴识别古昔之事。"明足以照下"是指有智慧的人能够洞察世界，练达人情，包容万物。

读史明鉴，太史公司马迁之所以写史记，就是让后人了解、借鉴前人的经验。《史记》不仅记录历史故事，也表达思想智慧。"太史公曰"虽然依附于正文而存在，却多为点睛之笔，这也可以看作司马迁的读书笔记。读书既可以培养人的独立思考能力，也可以培养批判性思维，即独立的思辨能力。古语云："一命、二运、三风水、四积阴德、五读书。"司马迁的"太史公曰"具有旷代之识，可供我辈学习借鉴。古代先圣哲人的智慧具有无穷的力量。在现代，与古圣先贤的智慧连接，可以提升我们生命的维度，走向更真实的自我。读经典可以安放灵魂，净化自我，跟过去的自己告别，不断走向内心的深处。

二、通达的人能自渡

"书不尽言，言不尽意，自觉圣智，完成人格。"这是南怀瑾先生在《论语别裁》一书中写的第一句话。"德"的最高境界是"和"，也就是你内心充盈，拥有完整的独立人格，不依附于他人。这是一种理想状态，并不是每个人都可以达到的。

《庄子·德充符》里面讲了各种各样的人，庄子用非常夸张的手法描绘了世间外貌畸形的人以及正常人。当然，庄子的重点不在讲人的外貌，而在讲人的内心。

人虽然都是人，但有的人漂亮，有的人丑陋。因为每个人的心态不一样，所以他们走的路也绝对不同。

鲁国有个断了腿的人，叫王骀。王骀很厉害，能够跟孔子分庭抗礼。有一个叫作常季的人就很不服气，跑去问孔子："先生，这个人有什么了不起的。他又不讲课，又不教学，也不说话，却有那么多人都追随他。他的弟子们还很高兴，感觉很有收获的样子，凭什么啊！"孔子说："这你就不懂了，他是个高人啊，我都比不过他，我也想向他学习呢！连我这样的人都想跟着他学习，何况是其他人呢？"常季又说："先生，您不是开玩笑吧，就王骀这样的人，连正常人都比不上。难道是他这个人的思想跟其他人有不同吗？"孔子说："他这个人啊，是不会因外在事物的变化而变化的，他的思想早就超脱了。他虽然断了一条腿，那不过是命而已，不会影响到他个人的修行。"在常人看来，王骀或许低人一等，但是对王骀而言，他并不在乎这些。有多少人能够达到他这样的境界呢？

世人往往会因外在的环境、条件而限制住了自己。痛苦就是一个人的欲望太多、执念太重，得不到自己想要的东西，但不是每个人都可以从这种执念中摆脱出来的。王骀做到了，他在不断地修炼自己，定自己的心。他看起来连普通人都不如，却有极高的修养，像他这样的人，即使不宣扬什么，也会有追随者来跟着他学习的。真正厉害的人是不需要招揽门客的，人们自然会主动追寻他而来，簇拥在他身旁，这就是"德"的力量。

三、通达的人能渡人

一个人自己觉悟了，只能算得上小乘佛法，不能算大乘佛法。真正的大乘佛法不仅是自己有智慧觉悟圆满，而且别人也因他而觉悟圆满。因此说："万般皆苦，唯有自渡，外求无尽，唯有'成为'。"佛修"三身"：第一是修"清净法身"，修解决问题的能力。第二是修"圆满报身"，人的命是用来修福德的。第三是修"千亿化身"，普渡众生，用使命影响更多的人。

景辰先生点评

　　世界上有千千万万的人，每个人都有每个人的路。每个人的想法不同，道路也会不一样。如果两个没法交流的人碰撞在一起，会很痛苦。通达的人，不再辩解，不再固执，不再哀愁，不再留恋。通达的人是拥有完善人格的人。

第四节　立志能除一切苦

开篇对话

启因先生问：景辰先生，您在给企业及个人做咨询时会关注他们的心志，并对心志进行扫描与梳理。这对企业及个人有怎样的帮助？

景辰先生答：假如一个人对自己现在所处的环境不满，想改变这个环境，会有很多条道路，但无论环境怎样改变，自己的心性、心志不能变，一定要明确、清晰。就如一个学不会游泳的人，换多少个游泳池都没有用。同样，一个人不能想明白此生到底想要什么、能做什么、能舍什么，心中不能找准方向、树立志向或找到让自己专注的事业，不管换一个环境或换再多的环境也是没有用的。

一、业力是修正念、正业

有这样一个故事：从前有一个小和尚，他一直是慧忠国师的侍者，工作很努力，也很上进。他一直希望慧忠国师能培养他，希望自己也能像慧忠国师一样成为一个大有作为的僧人。有一天，慧忠国师对侍者喊："佛祖。"听到慧忠国师对他这样喊，侍者感到非常不解。于是问道："国师您在叫谁啊？"慧忠国师看他愚笨，万般无奈地说："我叫的是你呀，你糊涂了吗？"侍者回答道："国师，不管什么时候，我都是您的侍者，都是您最忠实的侍者，任何时候都不会改变。"慧忠国师眼神暗了下来，"还说不辜负我，事实上你已经辜负我了，我的良苦用心你完全不明白，你只承认自己是侍者，而不承认自己是佛祖，佛祖与众生其实并没有区别，众生之所以是众生，是因为他们不承认自己就是佛祖"。

人们都在追求离苦得乐，苦游书海就是为了明心见性或了悟此生。"业"字含义甚多，并不是简单的语言就能穷尽其理。

王阳明说："无善无恶心之体，有善有恶意之动，知善知恶是良知，为善去恶是格物。"意思是说，人的这个颗心原本是无善无恶的，是清净光明的，善恶都是人的意念所致。

二、环境对心智的影响

有一位导演去陕北拍电影，碰到山里的放牛娃，于是问放牛娃："你的梦想是什么？"放牛娃回答："我的梦想是盖房子。"然后导演继续问："为什么要盖房子？"放牛娃回答："盖房子是为了娶媳妇。"导演接着问："为什么娶媳妇？"放牛娃回答："娶媳妇是为了生娃。"导演接着又问："为什么要生娃？"放牛娃回答："生娃是为了放牛。"导演不再问下去了，因为他明白放牛娃的梦想就是放牛—盖房子—娶媳妇—生娃—再放牛。

同样，一个村子里，木匠影响木匠，铁匠影响铁匠。在有的家庭里，大哥学了电工，二哥就会去学挖土机。在另外的家庭，大哥当了导演，二哥可能会成为艺术家。这就是我们常说的环境在影响人。因此说："近朱者赤，近墨者黑。"这也不难理解孟母为什么要三迁了。

三、立志能除一切苦

如何让心力充足？如何实现梦想？如何为社会、为世人创造更大、更多的成果？人的业力果报是可以改变的，最重要的是找到环境背后所呈现的业力规律：果从因而生，因从果而起；因亦为果，果亦为因；果必有因，因必有果，因果相续。因此，人们常说因果循环、因果相报。例如，一块石头被掷出，此中有因，即为业力。这一切的成因表面上看是环境，其实最核心的是人的意念所动。人的一念之业，是一个人历多念而异熟；一世之业，是一个人历多世而异熟，即人所看、所听、所闻、所说、所思都在做业力。

人的意念一旦启动，"业力"就会形成一种能量波，就会从一个地方发射到另外一个地方。业力显化的果报与一个人所处的时间、空间及其意愿或渴望有关系。比如，你想去北京，你一定会选择坐飞机因为飞机最快。但是当你没钱坐飞机时，是不是就不能去北京了？当然不是，利用其他交通工具，甚至走路也可以到北京。

因此，人生除目标和梦想之外，还需要更大、更持续的使命作为支撑。不然，目标达到后，心力就停止了。能让人改变业力果报法则的只有一个，就是了悟、顿悟，即通常所说的"明心见性"。这一切离不开学习、精进、修行。这个"明心"就是要有一颗光明之心，让心光明，让光明照亮人生与众生。就如王阳明所说："立志成贤则成贤，立志成圣则成圣。""立志才能除一切苦"，因为立志可以让你拥有更高层次的思维和认知，可以给你更多的时间、更大的空间，可以将你的热情转化为动力。

景辰先生点评

绝大多数人都会立志，但是能够为了实现愿望而坚持不懈努力下去的人却少之又少，因为总有来自外界的各种干扰或自己内心的躁动。有的时候未必能第一时间看到自己努力的结果，倘若就这样放弃了，那离成功的目标只会越来越远。反之，只要心中保持坚定的信心，并为目标努力奋斗，我们一定会得到自己想要的。人生后悔的事情不是"我不行"而是"我本可以"。

信念、价值、能力、环境扫描发问

信念层面

1. 如果将自己现在做的事情做到最好，你能给这个世界创造怎样的价值，那将会是怎样的景象，会有怎样的故事？

2. 对你来说现在做的事是你人生最重要的吗？

3. 你拥有怎样的人生信念或信条？

4. 这个信念或信条将产生怎样的使命？

价值层面

1. 你认为哪些东西对自己是有价值的？

2. 哪类人容易获得此价值？获得此价值之后，你会有哪些改变？

能力层面

1. 为实现"我的价值"，我必须具备怎样的能力？

2. 为了获得这些能力我需要怎样做？

3. 你经常重复做的事情是什么？

4. 你能持之以恒做的事情是什么？

环境层面

1. 你已拥有哪些资源或条件?

2. 你还需要哪些资源或条件?

3. 哪些资源是你可以连接到的?

第五节 百技不如一诚

开篇对话

启因先生问：景辰先生，您在给企业及个人做咨询时会关注他们的意诚，对意诚进行扫描与梳理，并提出无论是企业还是个人，都要有自己的"十年战略规划"。这对企业及个人有怎样的帮助？

景辰先生答：为什么很多人守不住赚到的钱？为什么一些人常常"踩坑"？为什么一些人辛辛苦苦积累几十年的财富，在一夜之间消失？这个世界不是机会太少，而是机会太多，蛊惑了人心。与其说自己的内心存有侥幸、赌性、贪婪的心理，还不如说是自己内心没有"至诚"了。

要想在事业上取得一番成就，就必须获得伙伴的支持与客户的信赖。在企业经营的过程中，人的心性与品格起着决定性的作用。

"诚"的第一境界是坦诚，承认自己的不足。情绪急躁的人、以自我为中心的人，往往不愿听取别人的意见，即使听了，也会找理由反驳。但是，真正能够取得一番成就的人，是怀着坦诚之心、经常听取别人的意见、经常自我反省、能够正确认识自己的人。这样的人会吸引周围同样心态的人，并拥有更多的力量来推动事业的发展。

"诚"并不是要顺从别人的态度，而是要用心与对方沟通，承认自身的不足，并努力改正。团队里的人如果没有坦诚之心，彼此之间尔虞我诈，团队就无法成长和进步。

"诚"的另一个境界是意诚，《大学》开篇第一句讲："古之欲明明德于天下者，先治其国。"意思是想要使美德显明于天下的人，先要治理好他的国家。第二句"欲治其国者，先齐其家"，指想要治理好自己的国家的人，一定要先治理好自己的家族。第三句"欲齐其家者，先修其身"，意思是想要治理好自己的家族的人，一定要先努力提高自身的修养。这里的"修其身"是指提高自身各方面的修养。第四句"欲修其身者，先正其心"，意思是想要提高自身品德修养的人，必须先端正自己的内心。《大学》告诉我们修身的关键在于"正心"。这个"正"是指人生所做的事要符合"道"，符合"德"，有利于社会发展，有利于人类进步，给他人带来好处。但正心之前要先"诚其意"，《大学》中说："欲正其心者，先诚其意"，意思是想要端正自己的内心，必先使自己的意念诚实，明则诚，诚则明，诚是做事第一等念。功业成败，"诚"是一个核心能量，所有外在的东西都来自人与自己的关系、人与人的关系、人与社会的关系、人与世界的关系。在经营企业时，如何判断诚的正确性呢？笔者认为诚的基础也是正。例如，根据你所做之事业对家庭、社会、国家、世界是正向有利的，还是负向有害的来判断。"诚"是不自欺、不欺人、不被人欺。一个人诚实守信，自然会有许多人真心相待，所谓"得道多助，失道寡助"。

《中庸》中的"诚"表示天道智慧。诚是护惜万物的大慈悲，是生化万物的大行愿，是利他无我、成就万物的大智慧。人能以大情感受众生、大行愿度人生，就会获得诚的大智慧。①

道家经典《素书》说："神莫神于至诚。""诚"可以让人万缘俱消、心志专一、聚精会神、真诚无妄。例如，汉朝时有一位名叫李广的将军，夜晚行路时，路旁有一白石屹立，像一只白虎。于是他在紧急的生死关头，心志专一，聚精会神，把白石当作猛虎射了一箭，这次箭头入石三寸。事后知道是块白石，他又射了一箭，箭头不但未入，而且碰石落地。这就是"李广射虎"的故事。人心达到专注、真诚的极点，就会出现不可思议、不可测度的神奇力量。常人称此为"神"，又称神妙、神效、神通等。就如稻盛和夫所说"现场有神灵"，其实人生就是"事上炼"，因为再好的想法如果不能付诸实践也是空想。

子思说："至诚感神而致前知。""诚"是儒家子思思想体系中的道德准则。子思在《中庸》中曾说："至诚如神。"他认为一个人如果能达到至诚的境界，那么连神明都会感动。这一点与曾国藩的"思诚则神钦"颇为相似。不管子思的这种说法是否属实，但这是他对"诚"这种态度的肯定。做人诚实守信、态度诚恳是修身养德的一个重要途径。

---

① 付金财. 道不可离：重新发现《大学》《中庸》本义［M］. 北京：华龄出版社，2022：135.

诚实守信，为人正直，胸中就会有刚正之气；态度诚恳，心态就会平稳，就会有海纳百川、有容乃大的气度。这正是创业者"内圣外王"的另一种境界。

如何找到自己的使命与热情？可以总结出以下五个方面：一是用心体验。用心去体验这个世界，用心去做好每一件事，在体验中验证自己的想法，多出去走走、看看，体验了世界才有世界观。二是寻找自己热爱的事情。大千世界，总会有你自己喜欢的事业在等着你。三是将热情转化为价值。将自己喜欢的事与为社会做贡献、为世人奉献价值联系起来。四是找到人生榜样或行业标杆。向榜样与标杆学习，努力超越标杆。五是当人生什么都还没有找到的时候，用心做好四件事，那就是正心、意诚、格物、致知。

如果说上一个四十年是"企业引进来"的四十年，那么下一个四十年将是"企业走出去"的四十年。在"一带一路"的建设中，我们会带着"实现中华民族伟大复兴"的使命，将中华文化传递出去，将中国品牌故事传递出去，惠及世界更多的国家和人民。

景辰先生点评

在拓展事业时，如果失去了"精诚纯一"的精神，那么你将感受不到打拼过程中的幸福与快乐。人只有心诚了，才知道自己真正想要什么，才能更深刻地理解"私心了无"，才有可能"明心见性"，才能找到并完成自己真正的使命。

第六节　好运藏在努力中

开篇对话

启因先生问：景辰先生，您在给企业及个人做咨询时会关注他们的"力命"，并对其使命进行扫描与梳理。这里提出的"力命"或"力与命"对企业及个人有怎样的帮助？

景辰先生答：是什么在影响一个人的命运呢？影响命运的因素有很多，如环境、机遇等，但改变命运的因素又有哪些呢？答案之一就是拥有改变环境的能力，即"力命"或"力与命"。一个人受困的原因往往是能力受限了，因此做不到或达不成某项事情。

一、性相近、习相远

人们常说："性格决定命运。"不可否认，性格对人的一生影响很大。

人的性格是怎样形成的？有人会说人的性格是天生的；也有人会说人的性格与家庭遗传有关。当代心理学普遍认为人性格的形成与后天成长经历、环境有关。抛开遗传观点，后天的成长经历和环境对人的影响是非常大的。种子生长的环境不一样，结果也不一样。例如，两棵杨树，一棵种在肥沃的土壤里，20 年之后，这棵杨树长成了高大威武的参天大树。另外一棵种在西北戈壁滩上，土壤贫瘠，20 年之后，也只能长到洋葱那么高。

人与人的区别在于什么？区别在于后天的成长。如果一个孩子生活在这样的家庭里面：夫妻和睦，家教、家风良好，生活环境也很好，生活充满着阳光，充满着爱的滋润，那么这个孩子长大之后性格就相对丰满、健康。如果夫妻之间关系不好，闹得很僵，动不动就吵架，动不动就闹离婚，那么在这样家庭里成长的孩子，长大之后性格就相对脆弱，容易出现性格缺陷。因此，性格是天生的，但是受后天教育、成长经历和环境的影响特别大。特别是在 0~6 岁期间的教育和成长环境对人性格的形成影响特别大。性格并不决定命运，例如，一个人天生胆怯、懦弱，后来他参军成了一名军人，经过军事训练后成了一个勇敢无畏的人。任何一种性格都有独特的一面，关键在于"习相远"。例如，商界企业领导者马化腾、任正非、董明珠，他们的性格都不一样，但这不影响他们所创造的成就。

二、教育：人生平等的起点

人会因先天环境、基因、性别等的影响导致长相及身高各不相同。后天环境对人的性格与能力的影响非常大。毋庸置疑，教育对每个人的影响是非常巨大的，从古代"孟母三迁"的故事就可以知道中国家庭对教育的重视程度。我国古代的科举制度维持了 1 000 多年。接受教育不仅是学习知识及技能，更重要的是提高个人修养，增强对生命的感受，从而更好地认识自己、提升自己。

国家实行"双减"政策，取缔部分课外培训机构，为学生、家长减压，让教育不再被资本裹挟，不再成为追逐名利的平台，让教育回归其本质，成为指引学生前行的明灯。

三、能力改变命运

在《列子·力命》中有这样一个故事。有一天，能力对命运说："你的功劳怎么比得上我呢？"命运说："你对万物有什么功劳，竟然要来同我比？"能力说："长寿或短命，穷困或显达，尊贵或低贱，贫穷或富有，这些我都能做到。"命运说："彭祖的智慧并不在尧舜之上，却享有 800 岁高寿；颜渊的才能也不在众人之下，却早逝；孔子的道德学识更不在诸侯之下，却备受困窘；殷纣王的德行绝不在微子、箕子、比干等贤臣之上，却高居王位。季札在吴国没有官爵，田恒却在齐国专权。伯夷和叔齐在首阳山挨饿，季氏却比柳下惠富有得多。如果你的力量能做到，那么为什么要让一个长寿而让另一个早夭，使圣人穷困而使贼人显达，使贤人低贱而使愚人尊贵，使善人贫苦而使恶人富有呢？"能力说："如果像你所说的那样，我固然对事物没有功劳，但是人们遇到这种情况，难道是你控制的结果吗？"命运说："既然叫作命运，又有什么可控制的呢？我只不过是对合理的事物尽力促其发展，对不合理的事物任其自生自灭罢了。一切人和事物都是自己成长或自己早夭，自己穷困或自己显达，自己尊贵或自己低贱，自己富有或自己贫苦，其中的道理，我怎么能知道呢?"

孔子说："朝闻道，夕死可矣。"这里的"道"指的是我们认识世界、认识自己、认识问题，思考问题、分析问题、解决问题，并持续不断地优化、改良、创新、完善系统的认识、思维、行为、方法的体系。它指的是不在一个终极的、不可思辨的、不可置疑的"道"。"道"永远离不开实践，一以贯之的在实践中学习，在学习中实践。孔子给出了人生的追求目标。朝闻夕死，也就是闻道之后要至死不渝地践行圣人之道。在这样的要求和境界之下，孔子用一生践行自己的使命。

"自助而后天助，自助而后人助。"① 好运气不仅是偶然，也有必然。这个必然就是自己的运气正好碰上了先前做好的准备。

四、明确做人、做事的出发点

达摩禅师从印度出发来到中国。听到这样一位得道的高僧远道而来，梁武帝十分高兴，于是邀请达摩禅师进宫相谈。刚一见面，梁武帝就有点自夸地说道："大师，我在国内建造了很多寺庙，印送抄写了很多佛经，同时在全国范围内供养了众多僧尼，请问大师，我所做的功德如何呢?"梁武帝原本以为此问一出，定会得到高僧的一番赞扬。可是结果却出人意料，达摩禅师只回答了四个字："无有功德。"梁武帝听后便有些不悦，直言道："明明功德巍巍，大师为何说没有功德呢?"达摩禅师解释道："陛下所做的这些事情，看似巨大，却不是功德，因此，所获得的福报也很少，不是'究竟的'，这只是'人天小果'而已，没有实体的功德，只是一种空相而已。"梁武帝有些不明白，于是追问："什么样的功德才是'究竟的'呢?"达摩禅师说："不可着功德之相，自净其意，自空其体，不着贪相，不以世求。"梁武帝听了，生气地反问："你知道我是谁吗?"达摩禅师见话不投机，自然不再多说，只是淡淡一笑，摇了摇头说道："不知道。"

其实，达摩禅师就是想让梁武帝不执着于自己所做的功德，因此才说没有功德，就像小孩子做好事的目的就是得到老师的表扬一样。高僧可以看出这个人的出发点是为做而做，并不是真心境界。梁武帝执着于自己所做的功德，就容易产生傲慢、虚荣之心。

---

① 南怀瑾. 列子臆说：中册 ［M］. 上海：复旦大学出版社，2017：51.

景辰先生点评

《孙子兵法》中说："昔之善战者，先为不可胜，以待敌之可胜。"一切都在于自己的修行，赢也是自己赢，败也是自己败。诺基亚败了，不是苹果把它打败了，而是它自己失败了。一个人只能控制自己，控制不了别人。一个人能否得到更大的发展空间和更多的发展资源，最终取决于自己是否强大。

一个人无论陷入怎样的境遇，都要保持"自助而后天助，自助而后人助"的信念。努力提升能力是有用的，能力是可以创造并帮助你抓住机遇的。古语虽说"人有冲天之志，非运不能自通"，但是，人生运气有偶然，也有必然。这个必然就是你愿意去播种，去播好运气的种子，去播正念的种子，去播利人民、利社会的种子。当一个人的种子播种好了，努力扎根，就一定会有回报。

第七节　找到自己的"原点"

开篇对话

启因先生问： 景辰先生，您在给企业及个人做咨询时，总看到您有系统地进行发问，帮助来访者更清晰地寻找到自己的"原点"。这对我们有怎样的帮助？

景辰先生答： 发问本身就是一种对话，对话的真正目的在于帮助对方找到生命的"原点"。清晰的"原点"即自信的支撑力。"原点"既是出发的路，也是回家的路。通过对话，帮助来访者重新找到前行的路，重新找到回家的路。

一、"原点"即初心

2011 年，一股互联网餐饮狂潮席卷中国。黄太吉煎饼、雕爷牛腩、西少爷肉夹馍等，这些网红餐饮店在互联网上运用花样百出的营销手法，一时成为新时代消费者吹捧的典范。为什么突然又没落了？它们之所以失去人们的热捧，是因为失去了"原点"，也就是失去了初心，也就是人们常说的"忘本"了。这个"原点"就是产品价值的基本属性，餐饮行业的"原点"就是好吃！若是背离了"好吃"这一属性，无论运用什么手段，这些餐厅都是昙花一现，很快会落幕。

无论是个人还是企业，都要找到自己的"原点"，"原点"是核心竞争力，也是企业安身立命之本。如果个人或企业能发挥"原点"的支撑力，这个"原点"将会成为撬动整个地球的支点。

很多人总是在别人的意识形态影响下耗尽一生。生命最大的浪费莫过于失去自己的初心。没有找到自己的"原点"，也就无法回到自己的"原点"。人生之事可分为三类：第一类事是老天爷的事，如刮风或下雨，老天爷的事你管不了；第二类事是别人的事，你没办法时时刻刻让所有人都开心，没办法时时刻刻照顾好每一个人的情绪；第三类事是自己的事，一个人一生真正能做成的事情少之又少，但却把更多的时间花在操心老天爷的事和别人的事上，应将有限的生命用在构建自己的核心价值上，将更多的时间与精力放在自己的生命成长上。成功者敢于从被规则控制转变为制定规则，敢于重新定义规则，敢于重新划分利益，敢于变革。

二、"原点"是企业的核心竞争力

"原点"一词原本是数学用语，原点是针对数轴而言的，在数学上，数轴的原点为0，原点常作为坐标起点或交叉点。日本企业常将"原点"这一数学用语用于企业的经营理念中，叫作"经营的原点"，翻译成中文，意思就是初心、使命。

日本知名酱油公司龟甲万集团迄今已有350多年的酿造历史，并在世界各国设有工厂，被业界称为"最贵酱油品牌"，因为龟甲万酱油的价格是普通酱油的一至两倍。

为何贵？在龟甲万集团的经营理念中，无添加是最基础的责任，不需要特别去强调。该集团以"纯"作为品质核心，以"自然之材为酱油之母"作为品质初心，即经营原点，为客户提供"好吃得可以穿越时空"的调味酱油。

为什么要研究企业经营的"原点"？那些百年企业都做对了什么？进入咨询行业这么多年，常听一些企业家说："我们要做百年企业！"但那些长寿企业活了下来只是一个结果，而不是目标。企业保持组织健康和持续创新的支撑力又是什么？企业发展成长中必然会面临困难与挑战。企业经营者如何做好决策和判断，判断依据或基准又是什么？这些问题这不仅考验企业家的经营智慧，甚至事关企业的生死存亡。

日本食用醋知名品牌"味滋康"创立于1804年，距今已有218年的历史，在200多年的变革与创新中，味滋康已成长为一家有世界级影响力的专业调味料企业。1951年味滋康听取专业寿司店的意见，反复多次改良，研发生产出"白菊"酿造食醋，这是一款非常适合寿司的食醋，现已被世界各地的寿司店广泛使用。味滋康还生产柑橘醋酱汁等多种调味品，致力于为客户提供美味与健康兼备的产品和食谱。

在味滋康200多年的长寿基因中，有两个长期的企业经营理念：①设身处地为买方着想，真心实意制造优质产品；②基于自我反思，否定现状。

无论你是要打造百年企业，还是暂时失去前行的方向和信心，都要静下心来回到自己经营的"原点"，乃至人生的"原点"寻找答案。

景辰先生点评

有人说中国中小企业的平均寿命是 1.7 年，也有人说是 2.5 年。纵观世界各国百年企业，它们都有自己的经营"原点"，即清晰的使命。"原点"思维包含企业存在的价值核心，这是一种非常强大的价值支撑力。中国企业家更应足够清晰"原点"、笃定"原点"、发挥"原点"的力量，用"原点"的力量创造一个双赢，乃至多赢的可持续发展的企业。

很多人迷茫、困惑、焦虑，表面上是各种环境因素导致的，实际上是其失去了价值支撑力。破解困惑需要找到自己生命的"原点"，找准自己生命的定位与使命，并愿意在这个"原点"扎根下去。从某种角度来说，使命不仅是用来实现个人价值的，更是用来承载灵魂的。

"原点"的力量可以让人们连接生命的力量之源，寻找、连接、激发自己内心深处的生命情感，找到生命力量的"根"，然后"深扎"下去。就如古人所说的"君子以立不易方"和"金之在冶，至诚胜巧"。

要想活出自由丰盛的人生，光有这些还不够，还要把自己的天赋与另外一种能量连接。例如，一个人有科学家思维，要把这种科学家思维与哲学家思维或艺术家思维连接，即把自己的科学思想与哲学思想、艺术美学连接。

第六章

建立自我

第一节　如何从特质中发现优势

开篇对话

启因先生问：景辰先生，您在给企业及个人做咨询时会关注他们的特质，并对特质进行扫描与梳理，同时提出了"你的特质就是你的优势，你的优势就是你的方向"这一概念。这对企业及个人有怎样的帮助？

景辰先生答：无论是企业还是个人，都有自己的特质。对个人来说，特质是天赋的一部分。对企业来说，特质就是企业文化，再放大一些来解读是企业家人格的呈现。

因此，无论是企业还是个人，寻找自己的特质，发挥好特质的作用，形成自己的独特品牌及文化精神是非常重要的一件事。

一、你的特质就是你的优势

有些人每天想做很多项目，好像满世界都是金子。为什么很多人赚到钱又守不住？欲生惑、杂生乱，一个人欲望多了，懂得多了，有时便会流于表面，不专一、不深入。博而不专，杂而不精，必会制约人生发展的高度。人的时间和精力都是有限的。许多人花很多精力一直找项目、定目标，认为自己很努力了，却发现身边的人而且是比自己优秀的人也同样拼搏，最后对比之下发现成果存在差距，就将这种差距归结为自己心力不足。他们不知道成就非凡人生的人有一个秘密，这个秘密就是坚持，根据自己的优势在行业里深耕。人必须将自己有限的时间、精力和优势集中投入到一件事情中去，只有一心一意地去做一件事情，才能最终把事情做好。

二、你的优势就是你努力的方向

很多人看到比自己优秀的人，就拼命模仿，跟风去做事，别人说什么就信什么，但回过头来发现自己既不喜欢也不擅长那件事。

说起篮球我们会想到姚明，说起小品演员我们会想到宋小宝，说起励志演讲家我们会想到尼克·胡哲。如果你的身高有一米九，就有机会成为篮球明星；如果你有一副好嗓子，就有可能成为歌唱家。俗语说："龙生九子各不同，虎生三子必一彪。"意思是说每个人都有与生俱来的特质，你的特质或优势就是你努力的方向。

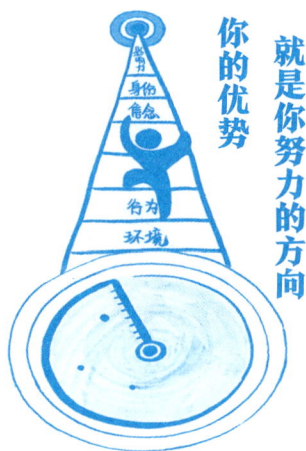

如何找到自己的优势？如何发挥自己的优势？

一是找到自己的优势。聆听内心的声音，思考自己真正想要的是什么。

二是管理优势。一个人不用总想着去改缺点或是补短板，而应思考如何最大限度地发挥自己的优势，管理好自己的优势就是一个人强大的开始。

三是培养长处。没有长处不用担心，培养一个长处出来。人一辈子能够通往成功的机会也就一两次，很多人正是因为这一两次发挥了长处而获得成功。

人都有哪几种优势呢？一种是行为（身体）优势；一种是思维优势。行为优势，比如说动手能力强、擅长做手工、修理物品、会种花、会开车等。或者擅长某一项体育运动，如长跑、短跑、游泳等，这种行为能力强的人有着某种天赋。意大利男高音歌唱家帕瓦罗蒂，他的嗓音就是天生的，如果你也想成为帕瓦罗蒂，也去练发音、声带，可能一生都难以超越帕瓦罗蒂。这些与一个人的天赋有着极大的关系，一般人模仿不了。那如果自己没有这么好的天赋，是不是就没有其他出路了呢？

不是这样的，人作为万物之灵，每个人生而不凡，生命给每人都留有成就非凡的道路。

三、特质中蕴藏着你的资源与优势

李嘉诚没有身体上的优势，但是他经营企业的思维比一般人要强。例如，李嘉诚挣了7分钱，就会把6分钱分享给伙伴。埃隆·马斯克梦想着要把人类送到月球上去。马云的思维是"让天下没有难做的生意"。任正非立志进入通信设备行业后，决不做第二个行业，坚持"制心一处、绝利一源"，用科技报国，为世人、世界尽一个企业家的社会责任与担当。这些人的梦想各有不同，但他们有一个共同特点，就是发挥出了自己的特质和优势。

中国有"两个半圣人"之说：一个圣人是儒家的孔子，另外一个圣人是儒释道三教的集大成者王阳明，半个圣人说的是曾国藩。毛泽东曾说："愚于近人，独服曾文正。"[①] 蒋介石手边永远有两本书：一本是《圣经》，另一本是《曾国藩家书》。大家可以想象一下，他能够把《曾国藩家书》和《圣经》一起摆在床头，可见曾国藩这个人有多厉害。曾国藩有什么过人之处，还是有什么过目不忘的本领呢？曾国藩这个人算不算是聪明人？有这样一则关于曾国藩的故事：有一天，一个小偷准备去曾国藩的屋子里偷东西，结果曾国藩一直在背书，而且一直背不下来。这个小偷在房梁上等了好久，曾国藩都没有背下来，趴在梁上的小偷都背会了，曾国藩还没背下来。小偷一怒之下下来踢曾国藩的房门道："这么简单的书，我都背下来了，你还背不下来，白痴！"说完就走了。但就是这样一个人，不聪明就算了，身上还有一堆臭毛病：抽烟、贪吃、好色、脾气暴躁，常常与人发生争执，还爱凑热闹，经常去菜市口看杀人砍头。曾国藩的父亲曾麟书看曾国藩这么不争气，就愤然写信告诉曾国藩："今后务必节欲、节劳、节饮食。"

从这里可以看出，年轻时的曾国藩并没有过人之处，实在算不上可塑之才。但就是这样一个人，后来为什么会位列晚清中兴四大名臣之首呢？又是怎样完成"内圣外王"事业的呢？这完全是靠后天的努力。曾国藩唯一坚持的习惯就是写日记。曾国藩从31岁起，坚持每天写日记，以圣人的标准要求自己，记录自己的各种事情，反思自己的不足，有错就对自我进行深刻剖析。曾国藩不只是记录下来给自己看，还邀请亲戚朋友为他点评，他把自己的缺点和改正缺点的过程完全暴露在众人

---

① 中共中央文献研究室，中共湖南省委《毛泽东早期文稿》编辑组．毛泽东早期文稿[M]．长沙：湖南人民出版社，2013：73.

面前，让大伙一起见证。曾国藩这种严格的自律让他戒了烟、戒了色，性格暴躁的缺点也逐渐改正了。记日记的习惯他一直坚持着，只是在重病时中断过两个月。直到去世前一天，他依然在记日记。

近代大文豪梁启超就曾经盛赞曾国藩的恒心与意志力。一件事情做一天不难，做三年五年也不难，难的是什么呢？是做一辈子。就是曾国藩的这种恒心把他的优势发挥到了最大。后来他建立湘军，讨伐太平天国的时候多次失败，曾经三次想自杀，但还是坚持了下来，立下"不为圣贤，便为禽兽"的誓言，最终平定了太平天国运动，立下了不世之功，成为无数人的楷模。曾国藩天资一般，但是他韧性十足。这种特质中蕴藏着巨大的信念，就是这种坚韧不拔、永不放弃的性格特质让曾国藩成为近代一位大儒。

四、发现自己的天赋特质

每个人来到这个世界都是独一无二的，都渴望被欣赏、被认可、被看到。每个人都希望能有更多的人看到自己、认同自己、欣赏自己的特质。这个世界上有一个永远不变的秘诀，就是"一个人喜欢你的原因一定是你使他喜欢他自己"。

纵观佛家五百罗汉，他们每一个都有自己的特质，也修出了自己的精神特质。他们拥有可以保护自己或他人不受伤害的能力，还有可以渡人的法器。例如，任何一座寺院的大殿都可以看到"四大天王"。其一为南方增长天王，能传令众生增长善根，法器为宝剑。宝剑有两层意思：一是象征智慧，慧剑斩烦恼；二是保护佛法不受侵犯。增长天王负责守护南赡部洲，代表"风"。其二为东方持国天王，以慈悲为怀保护众生，护持国土，法器是手持的琵琶。琵琶有两层意思：一是弦乐器松紧要适中，太紧则易断，太松则一声不响，表示行中道之法；二是主月神，表明他要用音乐使众生皈依佛法。持国天王负责守护东胜神洲，代表"调"，寓意做事要有节拍，不可急躁。其三为北方多闻天王，精通佛法，以福、德闻于四方，法器左手为卧银鼠，右手为宝伞，宝伞代表多闻多学，保护自己的内心不受外部环境污染，并可护持人民财富。其又名施财天，是古印度的财神，可为百姓阻挡世间魔神危害。卧银鼠代表要降妖除魔。多闻天王负责守护北俱芦洲，代表"雨"。其四为西方广目天王，能用净天眼随时观察世界，护持人民，左手持法器龙，右手拿宝珠。龙象征着一切事物千变万化；宝珠则表示不变。在一切变化中，掌握着不变的原则和底线，这个不变就是定慧，就是诚敬。广目天王负责守护西牛贺洲，代表"顺"。

纵观世界各大宗教的各路大神，他们的成神或成仙之路都有坎坷的故事。他们大多有经历大苦大难后成佛的故事。这个成佛过程所受的苦难也是业力考验的过程。

例如，五百罗汉中的"弃恶法尊者"，即弃恶菩萨，曾向佛陀请教菩萨行法，佛陀为其详加解说，他当即开悟，身体升空，离地七仞。再如，"善根尊者"，重视身、口、意三业的造作，平时种诸善根。这样的故事在佛教中比比皆是，有的罗汉降魔有功，有的罗汉精进有成，还有的罗汉因至诚得法。

再看儒家，孔子有弟子三千，其中贤者七十二人，在各个领域都有出众的能力与才华。但孔子在评论弟子特质与能力时说，颜回"回之仁贤于丘也"；子贡"赐之辨贤于丘也"；子路"由之勇贤于丘也"；子张"师之庄贤于丘也"。意思如下：颜回心慈，他在这方面比我强；子贡口才高明，思辨能力强，他在这方面比我强；子路的武功高，勇敢，他在这方面比我强；子张做事规矩、恭敬、严肃，他在这方面比我强。

子夏听了孔子对师兄们的优点的称赞，就问孔子："然则四子者何为事夫子？"意思是说，既然四个师兄都比您能力强，他们为什么跟我一样来当您的学生呢？孔子接下来的回答让我们见识到了他识人的洞察力。

颜回"夫回能仁而不能反"；子贡"赐能辨而不能讷"；子路"能勇而不能怯"；子张"师能庄而不能同"。意思如下：颜回仁义，但不能对恶人憎恨；子贡口才高明，但不能慎言；子路勇敢但不懂退让；子张做人太方方正正，不能转弯，一点都不圆滑。

每一个人都有自己的特质，它的独特性就像人的 DNA 一样，没有两个完全一样的。每一个人的瞳孔都是独一无二的，指纹也是独一无二的，没有完全相同的两片树叶。天赋是独特的，兴趣是天赋的体现。一个人的热情是生命力量之源，热情是做你喜欢做的事情，兴趣和热情藏在你的特质中，而特质中蕴藏着巨大的能量。

景辰先生点评

企业或个人的成败与专注度有关，与聚焦程度有关，一个人的成败与他的特质发挥是否恰当也有关。人要么像毛泽东一样学习，培养"虎性与猴性"，即老虎的胸怀与格局、猴子的幽默与灵活；要么像刘邦一样，学会运用"能"人。刘邦自评："夫运筹帷幄之中，决胜千里之外，吾不如子房；填国家，抚百姓，给饷馈，不绝粮道，吾不如萧何；连百万之众，战必胜，攻必取，吾不如韩信。"

俗话说："纵有良田万顷，不如一技在身。"一技在身，不如一志在心，专注朝一个方向发展。人要么有自己的核心竞争力，要么学会用人，这两者需要

胸怀与智慧。但无论一个人怎样选择人生，都要坚持自己的热情与爱好，做自己喜欢的事情，根据自己的特长、爱好，在某一个领域、某一专业，努力打拼，做对他人有益、对社会有益、对人类有贡献的事情，从而实现人生的辉煌成就。

特质扫描发问

1. 你认为自己拥有怎样的特质？

2. 你心中的标杆、偶像或榜样是谁？他有哪些令人钦佩的特质？

3. 这些特质对你的事业有哪些帮助？

4. 哪些人群会欣赏或喜欢这些特质？

5. 这些特质带来哪些优势？同时又会导致哪些缺点或不足？

6. 如何弥补个人特质上的一些不足？

7. 依照自己的特质，你适合干什么事业或职业？

8. 假如把人才分为三种（慧才、将才、帅才），你会是哪一种？

第二节　寻找爱的力量——欣赏力

开篇对话

启因先生问：景辰先生，您在给企业及个人做咨询时会关注他们的欣赏力，并对欣赏力进行扫描与梳理，提出真正的爱是对一个人的灵魂保持持久的欣赏力。这对我们个人有怎样的帮助？

景辰先生答：欣赏力不仅是一种爱的力量，更是一种发现的力量。它是一种发现美、欣赏美、激发美的能力。为什么人会被爱所伤？因为人始终处于"得不到、舍不得、放不下"的匮乏磁场中。

同样，试问一下来访者："若要寻找伴侣，是想找一个你爱的人，还是想找一个爱你的人？"

有两种答案：一是"找一个爱我的人"，另一是"找一个我爱的人"。但我觉得这两者都需要"先爱满自己"，先爱满自己才能爱他人。

一、学会知足、不贪婪

做人不能贪婪，因为贪婪是许多祸事的根源。贪吃蜂蜜的苍蝇会溺死在蜜浆里。有些人十分贪婪，想得到更多的东西，却因此把已经拥有的弄丢了。

贪欲是一个无底洞，满足是一个无尽藏。人应当戒除贪欲，放弃那些多余的、不需要的东西，因为那些东西对你的幸福来说就是"余食赘行"。《道德经》云："余食赘行，物或恶之，故有道者不处。"余食赘行不但不能助你得到幸福，反而阻碍你得到幸福。人应该舍弃贪婪之心，追求平静、平和的内心状态。

《道德经》说："罪莫大于可欲，祸莫大于不知足，咎莫憯于欲得。故知足之足，恒足矣。"说的是让人知足常乐，放下过度的贪欲就是放下对自己的屠刀。

当人生困惑、迷茫的时候，或许就到了审视自己的欲望、私欲是否太多的时候了。或许内心缺少了一种能让自己充满热情的东西，一种能让自己专注的精神力量。人生的痛苦大多来自对事物过高的期待。诺贝尔经济学奖获得者、著名经济学家保罗·萨缪尔森有一个幸福公式：幸福 = 效用/欲望。效用包括自己获得的财富，工作达到的效果，家人、亲人、别人对我们的支持度。欲望包括自己对自己（成就、财富、才能、容颜等）的期望；自己对别人（除自己之外的任何人，包括孩子、爱人、亲人等）的期望；对客观世界的期望，包括对自然界气候（四季、阴晴、冷暖等），地质环境（海啸、地震等），生态环境（污染等）的变化的期望；对社会环境（公平、正义、自由、安全等）的期望。幸福可近似看作满足感，是现实生活状态和心理期待的比较。效用和欲望两者的落差越大，幸福感越差。我们有多幸福或多痛苦，都可以从这个公式推算出来，自己能掌控的是自己的期待，期待越高，幸福感越少，痛苦感越大。有句话说得好："不是别人伤害了我们，是我们不愿放下自己对自己举起的屠刀。"

二、欣赏力是一种爱的能力

真正的爱是没有条件的爱，"了无私心"是说完全没有自己的私心，做一件事情的时候是自己想去做，而不是为了达到某种目的去做。人能达到这种境界的确很难，那是因为他们还没有体会到这样做对自己有什么好处。如果你做到了"了无私心"，体会到了那种"了无私心"的喜悦，那么你就会知道它的魅力，就会更坚定地去做。没有私心的爱是没有区别、没有条件的爱，是一种全身心、平等的爱。

对孩子的爱、对父母的爱都是小爱，这种爱只局限于生活中的小场景，并没有扩大到更大的世界。生命能量能否显化在于你的心是否足够无私。拥有"了无私心"，你的能量才能连接更大的世界。当你的内心足够纯粹，其他一切就顺理成章了。

有新闻曾报道说，警察抓住了一个小偷，并发现他的作案手法十分细腻。一位作家看到就撰文点评感慨道：这个小偷的心思如此细腻，手法风格如此灵巧，此人应该很斯文、细心、有气质，但也可能是一个怀才不遇的人。这样的人如果不做小偷，做任何一行都可能会很有成就。这个小偷看到了作家的点评后，从此金盆洗手，重新做人，出狱之后成了台湾几家羊肉店的大老板。正是这位作家简单的几句话改变了一个人的一生，可见欣赏力何其重要，有时甚至会改变一个人的心态，改变一个人的容颜，乃至改变一个人的一生。

孟子曰："君子莫大乎与人为善。"意思是说，真正的君子懂得如何去欣赏别人，与人为善。欣赏力是一种智慧，学会欣赏别人，方可优化自己，方可让内心充满爱。欣赏别人是一种本领，也是一种爱的能力。子曰："三人行必有我师焉，择其善者而从之，其不善者而改之。"人生在世要学会欣赏别人，善于发现每个人身上的闪光点，加以学习，不断优化自己。欣赏力也是一种爱的能力。

三、爱的能量与不同维度

许多人为情所困，在追求爱情的道路上苦苦追寻，希望人生旅途能出现一个爱自己、欣赏自己的人。其实，要想获得爱，首先要爱自己，活好自己，活成别人的榜样。谁也不想活成让人讨厌的样子。因此，人们会向往成为自己喜欢的偶像或榜样。爱有不同的层次，当人对爱有了分别心，所产生的爱也是不一样的，既有私欲、占有、索取的爱；也有平静、喜悦、心流的爱。私欲、占有的爱是以满足自己为前提；索取的爱是内心缺乏爱的表现；平静的爱是一种理性的爱；喜悦的爱是一种欣赏的爱、拥有的爱；心流的爱是一种身心灵多维度的爱，是最高层次的爱，是一种灵魂的连接。

人类的精神需求有时会偏离正轨，沾染上不好的东西，如赌瘾、毒瘾、酒瘾、烟瘾等，这些都是人在欲望面前丧失意志的丑恶现象。同时，在对事物的追求上，人也会达到痴狂的程度，如收集邮票、古玩等，也会有人说这是"玩物丧志"。但是有两种上瘾的状态是好的：一种是对美的欣赏上瘾；一种是对爱的欣赏上瘾。

使命的爱
↑
无染的爱
↑
全身心的爱
↑
尊重的爱
↑
经营的爱
↑
交换的爱
↑
纠缠、索取、相克的爱

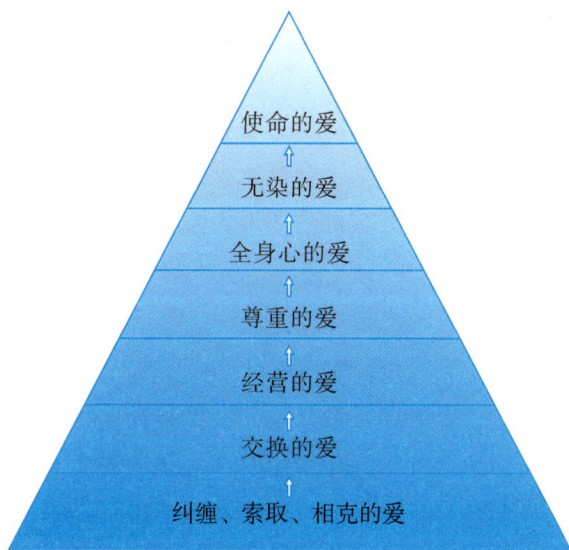

爱可以划分为七个层次：一是纠缠的爱、索取的爱、相克的爱，这是一种低层次的爱；二是有条件的爱、交换的爱，这也是一种低层次的爱，其将爱视为一种技巧、方法以达到个人的目的；三是经营的爱，这类爱把爱看成一种投资，用心经营并期待得到回报；四是尊重的爱，即尊重他人人格、遵守法律与社会道德；五是全身心的爱、欣赏的爱。六是无染的爱、纯粹的爱；七是使命的爱，即与他人有共同的信念、目标和使命而产生的爱。

四、欣赏力是一种发现爱与美的能力

当今社会，离婚率逐年攀升。婚姻的崩塌在某种意义上就是家庭的崩塌，其中最受伤的就是孩子。原生家庭问题导致了很多社会问题，甚至一些人因心理扭曲而犯罪。14 种原点定位扫描术中的一个核心定位就是人的情感定位，每一个人都需要情感定位。

这个世界不缺美，而是缺一种欣赏美的能力。一个人爱的能力一定是与这个人的欣赏能力呈正相关的。因此，人们应该培养自己的欣赏力。

所有的科学都追求"真"，所有的艺术都追求"美"。将不同维度的价值与爱连接，产生的能量超出想象。例如，著名画家蔡志忠将哲学能量注入了自己热爱的绘画艺术事业，作品更具欣赏力与人生哲理。再如，迈克尔·杰克逊将音乐与舞蹈艺术相融合，创造了"太空步"与"前倾 45 度"等高难度舞蹈动作，使音乐与舞蹈更具艺术魅力。欣赏力与爱的能力是美学与艺术不可缺失的重要元素。

从另一个角度来说，一个人看到的都是自己的意识与意愿投射出来的，包括生命在内的一切的意义都是自己赋予的，生活的美也是自己赋予的。肚子饿了需要食物是生理的需求，但对食物的欣赏不仅是生理的需求，也是精神富足的需求，有了欣赏力能够更好地品味美食。无论是家庭或夫妻关系，还是工作中的人际关系，一个人喜欢你是因为你让她或他更喜欢自己。当你懂得欣赏时，便有更大的可能性调用你所需要的资源。

五、爱就是能持续欣赏他人

从心理学角度来说，一个人会反对父母，会反对合作伙伴，但一个人最不会反对的就是自己。这个天性的"性"可以理解为"这是人与生俱来的生命力的表达"。因此，与他人关系的好坏是一个人信念与价值观的投射。一个人喜欢你是因为你的价值观符合他的价值观，也就是你的认可让他更喜欢自己。

爱有多个层次与维度，有青春懵懂朦胧的爱，有物欲痴乐的爱，有肉体性欲的爱，也有使命的爱；有心智技巧的爱，有心性经营的爱，有保持欣赏的爱，有平静的爱，有喜悦的爱，有心流的爱。真正的爱就是保持对另一半的好奇与欣赏，这种爱的能力也是专注力的一种。

欣赏力是一种同理力、发现力、洞察力、相信力。欣赏力能激发一个人内在的认同感、价值感、归属感、成就感，能够帮助挖掘对方特质中的能量。欣赏力是对人的生命力与价值挖掘的一种能力。能够欣赏自己和他人是唤醒内在动力的一种方法。例如，在人际关系中，所有关系的建立都是双向的，爱的前提是懂得对方的需求。

如果静不下心与自我对话，不刻苦"事上炼"，只想碰运气，那么只会弄巧成拙。任何伟人、艺术家、作家都要坐得起冷板凳，即使是十年、二十年也在所不惜。假如为利益驱动，急功近利，不在自身上下功夫，而在时机上打主意；不在理论上下功夫，而在关系上打主意。到头来，机遇只会昙花一现，只能成为"社会活动家"，而不是经得起时间洗礼的人物。一切的智慧取决于你的渴望程度，一切的能量取决于你爱的能力。

归根到底，生命的一切意义都是自己赋予的，一切都是自己的投射，一切都是自我感召的。这个世界不缺美，缺的是一种欣赏美的能力，世界有多美取决于自己有多强的欣赏美的能力。

爱的层次是生命的修炼课题，重要的是庆幸此刻自己已经觉察到，并能自省、至诚地去优化提升自己。感谢生命中遇见的一切。如果不是决定写这本书，笔者也可能会忽视对生命这一重要课题的修炼，这将是人生的遗憾。正因如此重要，才让笔者静下心来思考这一重大课题，在情感关系中，无论在经历哪一种，问心即是答案，问善即是答案。为什么人有时会问不到心？这可能是因为眼睛看不清楚了，心浑浊了，浑浊于欲望太多，浑浊于贪婪无止。唯有让心回归到善良、质朴，才能心纯见真，才能臻于至诚。

在人类的情感关系中，是能量高于智慧，还是智慧高于能量呢？如果没有能量作为后盾，那么智慧也是死的；如果没有智慧作为指引，那么能量也是无用的。因此，在人类的情感关系中，能量需要更高智慧的引领，而这个智慧的源泉就是欣赏力。

六、匮乏的爱容易受伤

很多人渴望拥有爱、被爱，女人渴望被宠爱、被疼惜、被呵护，男人渴望被认可、被崇拜、被肯定，我们都渴望在对方的眼中找到自己。可是，家庭的分裂、团队的不齐心、事业的止步不前、爱的分崩离析，让我们突然觉得不会爱了，不会爱身边的亲人和朋友了。一个人独处的时候，会突然感觉失去了方向，为什么呢？主要有以下五个原因：

一是不懂得爱。这有可能是原生家庭造成的，父母因为工作忙或经常吵架，对孩子缺乏爱的给予与表达，或者孩子从小跟着爷爷奶奶长大，缺少父母的关爱，与其他孩子相比，内心有一种不安全感，从而导致自己成家后跟另一半产生各种各样的问题。

二是付出太多。有些人在爱一个人的时候，会付出全部的爱，但是，付出的背后也期待对方能同样爱自己。当得不到对方的回应，就会产生纠结、痛苦、不甘心甚至怨恨的情绪。为了表达自己的情绪，就会与对方争、闹、吵、打，最后不得已分开。付出太多而得不到回报，将怨恨的情绪淋漓尽致地展现出来，完全忘了最初为什么会爱。

三是放不下。一路走过来，我们拥有了事业、家庭、孩子、财富等，这些东西是自己的人生收获，难以轻易放下的。

四是依附性人格。有一部分人从小到大都在父母的怀抱中成长，没有独立的人格，缺乏自主性和创造性，没有自己的独立意识和思维。因此，当其依赖的人离开时，他们就不能独立完成手上的工作并感到十分无力。

五是没有活好自己，没有成为自己。古希腊特尔斐神庙前竖立着一块巨大的石碑，上面刻着一句象征人类最高智慧的神谕"认识你自己"。这句话很有深意，人生最重要的就是认识自我、肯定自我、接纳自我。

如果人一直被自卑阴云笼罩着，是不可能找到自信的，也会失去自我。生命更多的意义是要找到使命，用使命完成人生的地图。活好自己，爱好自己。人为什么会感到不安？大多数情况下，这种不安是因为对未来考虑得太多。生命是一个旅程，这个旅程从人们出生就开始了。旅途中遇到的所有人都是来陪伴自己的，都是来帮助自己发现一些有意义和有趣的事的，其中也包括每个人的使命；旅途中遇到的一切事都能让自己在"事上炼"。这个旅途中的一切不安全感都来自内在的念头。坦诚是一种能力，勇气是一种能力。尊重内心，越诚实越有力量。找到真实的自己，找到生命的更大意义与热情。

景辰先生点评

所谓"爱"就是对他人保持持续的好奇与欣赏。这个世界并不缺少美，缺少的是对美的欣赏。

人生的幸福是由不同版图组成的。一个人除了要追求事业上的成功之外，也需要给自己一个深入的情感梳理与定位。人无论经历了什么，最终还是要先看清自己，要能保持不骄傲、不自卑，拥有清醒的头脑并努力提升自己。人这一辈子，最忌讳过度求满。在曲折中成长，在反省中改变，才能走得更远、更顺。

第三节　欣赏力的提升

开篇对话

启因先生问：景辰先生，您在给企业及个人做咨询时会关注他们的欣赏力，并对回应力进行扫描与梳理，提出了"人的回应力受限是因为人的智慧受限了，人的智慧受限是因为人的语言词汇能力受限了"。这对企业及个人经营有怎样的帮助？

景辰先生答：人的痛苦主要来自哪里？人的痛苦除肉体上的痛苦，如身体受到外部伤害之外，主要是来自精神上的痛苦。精神上的痛苦是因为个体没有被他人认可、看到和欣赏。

要想处理好与朋友、同事和家人的关系，不仅要培养提升自己的欣赏力，还要提升回应力。

一、怎样提升欣赏力

语言词汇带有很大的能量。说负能量的话时，如果你不能正确引导别人，可能一句话就使别人非常难受。你同样也可以欣赏他，改变他，把他带到正能量场里，有时欣赏的语言甚至可以改变一个人的命运。

因此，欣赏力应成为生命美学修炼的一部分，用审美来提升、修炼自己的品格与灵魂。在当代的两性关系中，人们最应修炼的就是欣赏力。世界上的各大宗教和学校都在教人向善，但还没有人将欣赏力作为一门专门的学问来启发更多人的善与美。世间的所有故事都离不开爱与美。欣赏力的背后是人对事物的一种意愿程度的表达，是一种渴望程度的表达，也是灵魂深处需求的连接显化。

二、提升欣赏力的意义

一个人看到的都是自己的意识与意愿投射出来的，包括生命在内的一切意义都是自己赋予的，生活的美也是自己赋予的。只有这样，才有价值传递。

无论是企业团队，还是夫妻家庭关系，一个人喜欢你是因为你让他更喜欢自己。当你拥有欣赏力时，你便有更大的可能性调用你所需要的资源。一个人可以反对父母，可以反对合作伙伴，但是一个人最不会反对的就是自己。在人际关系中所有关系的建立都是双向的，前提是懂对方。一个人如果能拥有欣赏力，那么这个人就可以让这个世界充满爱的能量。

美好是人类永恒不变的追求，可以理解为这是人与生俱来的生命力的表达。因此，与他人关系的好坏是人们信念与价值观的投射。提升欣赏力能改善人际关系。

景辰先生点评

欣赏自己就是爱自己。爱自己不是做一个自私自利的人，而是尊重自己，珍惜自己的时间、自己的健康。爱自己要做到自爱、自尊、自律、自省等。

真正的幸福是活出深刻的生命情感。高智商的人也许可以创造很多价值，但其生命也会存在各种困惑，这可能是因为有些高智商的人缺少生命的深刻情感。生命的精彩就是要让情感回归于纯粹，使情感不夹带物欲或杂念。

欣赏力的提升可通过以下途径：

（1）清净法身。让自己心安静下来，定下来，拥有独当一面的技能与热情爱好。

（2）圆满报身。生命是一场相信的过程，也是一场成为的过程，要努力成为最棒的自己。

（3）千亿化身。要成为真正的行者，去帮助社会、帮助他人。

第四节　欣赏美

开篇对话

启因先生问：景辰先生，您在给企业及个人做咨询时会关注他们的欣赏力及回应力，并对观美、鉴美、定美进行扫描与梳理，提出"三美"能力。这对我们有怎样的帮助？

景辰先生答："鉴美"需要理解美的三个层次。

一是形美。它指人的形体美，如健康体形等。

二是心美。它指人的修养、素养、学识等。

三是神美。它指人的精神人格独立、内在精神丰盛。

三美中最重要的是神美，这是美的最高境界，人们应该了解神美，具备神美。

一、鉴美

A女士又离婚了，这是她的第四次婚姻。她说她特别爱自己，对自己很舍得投资。在美容整形上都投资了几十万元了。A女士说："很舍得在自己身上投资的原因，是觉得男人都靠不住，在自己身上投资让自己更增值，如果现在的男朋友对我不好，我就可以换第二个、第三个、第四个，甚至第五个男朋友，以此让自己有更多的选择。"

从A女士的这段话里可以看到A女士所持的信念。投资自己让自己更漂亮、更有资本，她认为这样自己可以有更多的选择。用外貌作为主要条件，能吸引到很多的男士，但会一个比一个差，因为 A 女士用外貌去吸引所谓的优秀男人的时候，男人看中的也是 A 女士的外貌，但当 A 女士的容颜老去，这种交换的价值就没有了。因此，还是要好好修炼自己内在的特质人格、灵魂、神韵、精神，修自己内在的丰盛与精神的富足，好的灵魂自然吸引同频的人。现在一些人价值观混乱、急功近利、浮躁，表面上光鲜实则内在非常匮乏，最后交了很多学费，走了很多弯路，还很难让自己真正觉醒。

古人是怎样看待美的？古人很早就对美进行了多层次的区分与鉴别。《美之鉴》解读女人之美分为远、中、近三个层次。

一是远美看形，是指外在的形态，即胖、瘦。

二是中美看态，指的是态度、仪态、修养、气质等。在《诗经·国风·鄘风·君子偕老》里，从服饰美、头发美对女性进行了品鉴，说："玼兮玼兮，其之翟也。鬒发如云，不屑髢也。"意思是指女人的服饰鲜明又绚丽，画羽礼服绣山鸡。黑亮头发似云霞，不用装饰假发。

三是近美看神，指的是神韵、精神、语言境界。进一步欣赏一个人的美，要看他内在的品德。

言行表达可以看出一个人的态度、思想、修养等内在的特质。而反有远美、中美还不够，内在核心的近美就是精神、神韵和人格。

A 女士整形的目的是以形示人，以形为条件，但当她容颜老去时就会明白，外貌是最不重要的，人要修炼的是内在美。无论人怎样浮躁，最后还是要面对现实，回归到真实的自己。

二、审美智慧

如果一个女人用美的形态吸引男人，那么当美的形态不存在的时候，男人也就厌倦了。很多人在修身体美的时候，没有修心灵美，这也是走不长远的。

有这样一个故事。有一天，释迦牟尼到了舍卫国波斯匿王的宫廷，为纪念王父的忌辰而应邀赴斋。释迦牟尼的从弟阿难早年从佛出家，那天恰恰外出未归，不能参加。回来的时候，就在城里乞食，凑巧经过娼户门口，被摩登伽女看见。摩登伽女爱上了他，并用魔咒迷住阿难。紧要关头，释迦牟尼在王宫里已有警觉，立刻率弟子们回到精舍，波斯匿王也随释迦牟尼同来。释迦牟尼教授文殊大士一个咒语，让她去援救阿难脱离困厄。阿难见到文殊，神志恢复清醒，与摩登伽女一同来到释迦牟尼前，无限惭愧，涕泪交加，祈求释迦牟尼的教诲。

释迦牟尼问阿难："你以前为什么舍去世间的恩爱，跟我出家学佛？"阿难回答："我看到您的身体，庄严美妙而有光辉，相信这种现象不是平常人所能做到，因此就出家，跟你学佛。"

释迦牟尼说："世间的人，向来都不认识自己，平常都被这种心理状态、妄想所支配，认为这种妄想作用就是自己的真心。"

从这个小故事中可以看到，阿难因看到释迦牟尼表相的庄严美妙而出家，在身份层面是出于对其的羡慕、痴爱，而不是从信念层面真正理解佛学的真谛，因而遭受此劫难。

同样，部分人的择偶失败是由于过分看重对方的外在，其实这是对美的认知匮乏，这既是当代人的福报不足，也是智慧的缺失。择偶是人生最大的风险投资之一，必须具足智慧，要知道有所为有所不为。

无论是事业还是情感，每个人都需要给自己一个清晰的定位，特别是情感定位。很多人对自己的认知有绝对的自信，但是有时又对当下的结果不满意。这是为什么呢？人生就是一个矛盾体，我们常常会迷失在事情中而失去了思考能力，因此学会深度思考比什么都重要。

景辰先生点评

　　爱就是对另一个灵魂保持持久的好奇与欣赏。欣赏力是一种能量，能营造一种认同感、价值感、归属感、成就感，能寻找到对方内在精神世界更大、更光亮的种子，能调动对方特质中的能量。欣赏力是深度挖掘人的生命意义与价值、激发内在引力的一种能力。无论是人际关系还是夫妻两性关系，要想拥有不变的爱，就应欣赏对方。当人们深刻理解欣赏力时，就掌握了激励自己及他人对这个世界做出更大贡献的方法。

第五节　语言蕴藏着巨大的能量

开篇对话

启因先生问：景辰先生，您在给企业及个人做咨询时会关注他们的语言及词汇，并对它们进行扫描与梳理。这对我们有怎样的帮助？

景辰先生答：前面提到"人的智慧受限是语言词汇能量受限"，从一个人的语言词汇频率中可以感受到"一个人强调什么就是在意什么"，一个人的语言词汇可以体现其想要的东西或为其召唤能量。因此，"止语"是一门修炼！

一、语言蕴藏着巨大的能量

蜜蜂有蜂语，蛇有蛇语，虫有虫语，鸟有鸟语，野兽有野兽的语言，人类有人类的语言。语言声音都有自己的频率。例如，在文坛巨匠金庸笔下，小龙女能够召唤蜜蜂攻击敌人。共同的语言及声音可以引发共鸣，这或许是一种频率能量连接。人的语言词汇中包含着情感。中国古代有一种叫"祝由术"的咒语。"祝由术"相传是轩辕黄帝时代所赐的一个官名，也是人类最早的通过语言治疗疾病的方法，通常称为巫术。在这个世界，什么样的能量是可以穿越时间与空间的呢？除人类创造的文字可以传承几千年之外，另外一个可以穿越更长时间与空间的可能就是声音。例如，人们发现经典歌曲可以传唱几十年甚至上百年，当听到一首能引发自己情感的歌曲时，那声音仿佛能瞬间穿透心灵，因为歌词包含着能量。

俗话说："良言一句三冬暖，恶语伤人六月寒。"可见语言对人心的影响。上天赐给每个人两只耳朵、一张嘴巴，就是要求人们多听少说。更重要的是每一个言行都是在种"种子"。人慢慢就会发现：一个人常说的语言其实能反映这个人对待事情的态度。

三个月前，一位家长讲述自己用夸奖式的语言改变自己女儿的故事。她对上课注意力不集中、做作业拖拉的六岁女儿说："老师今天表扬你啦，说你天生就是读书的料。"之后她发现女儿文字写得特别工整，她便对孩子说："这个字写得真好，妈妈感受到了你的用功。"女儿去到学校跟同学炫耀说："老师跟我妈妈说我天生就是读书的料。"在这之后，这位妈妈慢慢发现女儿的作业完成得又好又快，并且现在写的字跟四个月之前写的字相对比，简直是天壤之别。这就是语言的力量，母亲用语言鼓励、帮助了孩子。

二、人的智慧受限是语言词汇受限了

很多时候，人的智慧受限其实就是人的词汇受限了，想不出解决方法，自然也无法表达出来。言行，君子之枢机。枢机之发，荣辱之主也。开关一动，关系一生的光荣，因此，君子的一言一行可以撼动天地。言行如此重要，不谨言慎行是不行的。

上帝创造了人类。语言是人与人之间沟通的工具，不仅可以让我们产生共同的认识，还可以使我们平等。如何使用语言？如何使用语言思维创造结果？如何通过语言词汇对对方的价值观、心智进行提频？

著名心理学家卡尔·荣格说过："只要改变一个人的词汇，就能增加他的收入，并改善他的生活，乃至改变他的人生。"例如，要把"恨"字从你的词汇库中除去，不要想它，而以代表感觉与梦想的"爱"字来代替它。再如，一个人要表达自己内心的开心，既可以用感到快乐、喜悦这样的词汇，也可以用惊喜、妙不可言等来表达。一个人的智慧受限了，可以说是他的词汇受限了，因为词汇可以开启人的想象力，帮助人召唤所需要的能量与资源。

三、语言是生命田野里的"种子"

有个成语叫"言为心声"，意思是说，从一个人的语言里可以知道他的思想感情。汉代扬雄《法言·问神》中说："言为心声也，书声画也。"通常我们可以从一个人的语言、声音感受并判断出这个人的语言是肺腑之言、由衷之言，还是言不由衷或口是心非。

修炼自己的语言及声音可以改变性格。声音是人的第二张脸，是递给别人的一张听觉名片。当人们看不到你时，你的声音的音质、音调、语速、语气的变化和表达能力，在某种程度上甚至决定了你说话的可信度。曾任四届英国首相的格莱斯顿说："声音是交流中最有力的乐器，99%的人不能出类拔萃，是因为他们忽略了对嗓音的训练。"

一个人的语言习惯及常说的词汇，也是这个人心田里意念种子的呈现。这个社会真正高昂的成本是人与人之间的信任成本。接触一个人并能同这个人快速建立心灵的连接还是有些困难的。沟通不只是传递信息，也是在传递感觉和态度，因此，沟通要素包含以下三个方面：一是想法，让他人明白你所表达的东西；二是情感，让别人接收你所表达的东西；三是行动，要让对方的意识转化为思想或行动。

语言是田野上的"种子"，如果你不去打理，那么田野就会杂草丛生，人的心田就会产生浊气与浊语，就好比小花园里有一堆垃圾，这让你很不舒服，要么及时清理掉这些"浊气"与垃圾，要么你拥有足够的觉察能力，能及时地反省这些"浊气"。还有一种方法就是让自己心中拥有更大的花园，当你心中拥有万亩花园时，这一丁点浊气或垃圾就不会对你的心境有太大的影响。当我们遇到生命的贵人时，我们对他说："谢谢你，感谢你的加持。"当我们遇到生命中的小人时，一样要对他说："谢谢你，谢谢你让我成长。"生命中遇到的一切都是令自己成长的。有的人是来助你的，即便是不喜欢你的人或你不喜欢的人，也要用带欣赏力的语言去赞赏他生命的独特。掌握了语言的魅力，可以生活得更好，也可以把生活中不好的事情化解成好的事情。对人际关系来说，真正的沟通不是信息的传递，而是感觉的传递。一个人的生活品质取决于这个人的沟通能力，而语言词汇则是最重要的载体之一。例如，把"随便"改成"听你的"，把"我不会"改成"我可以学"，把"对不起，我迟到了"改成为"谢谢您的耐心等待"，把"听明白了吗"改成"我说得明白吗"……那么你的语言词汇能量就会让他人感到被尊重。

四、语言词汇是一种能量召唤

《易经》中有"同声相应，同气相求"的说法，表达的是声音对人与人、人与自然交流沟通的重要性。《黄帝内经》讲："百病始于气，止于阴。"从中医角度来看，病主要来自情绪，气滞一起会导致气不通畅。日本是世界公认的人口长寿国家之一。例如，日本人在吃饭前会说："いただきます（我要开动了）。"这句话不仅是跟一起吃饭的人打招呼的礼貌用语，也是与身体连接的表现。饭前说这句话也是在告诉自己的胃："胃，你要做好准备开始接受食物了。"

笔者团队使用14种原点定位扫描术为近千个企业个案提供过咨询服务，该扫描术中有一个维度是词汇扫描，就是从一个人的语言词汇来分析这个人的性格特质。笔者团队常把人分为三类：一是视觉型的人；二是听觉型的人；三是思考型的人。

视觉型的人的语言表达方式为"画面出图"式表达，其语言词汇用的形容词较多。听觉型的人的语言表达方式为"感觉型"，其语言词汇用的动词较多。思考型的人的语言表达更有逻辑，关注数据证据及意义价值，其语言词汇中有更多的逻辑关联词。

从心理学角度来看，人常说的语言词汇是自己潜意识的召唤，是自己命运的预言。人说什么，就代表自己心里面在想什么。正心正念的语言与词汇表达也在不自觉地影响自己的思想。词汇中，欣赏与爱的相关词汇会对人产生积极影响。

从前，有一个人跑到神像面前哭诉："尊敬的神，为什么我无论干什么都成功不了？"神笑着说："因为你不会布施！"他很是疑惑："可是我这么贫穷，拿什么去布施呢？"神回答："一个人，即使没有钱，仍然可以做这七种布施。第一，颜施，与人相处要和颜悦色；第二，语施，多对别人说随喜的话、鼓励的话、赞美的话；第三，心施，诚恳待人；第四，眼施，以善意的眼光看人；第五，身施，用行动去助人；第六，座施，乘船、坐车时，将座位让给需要的人；第七，房施，将自己空闲的房子提供给流离失所的人。"一个人，即使再贫穷，都能做至少一种布施。不愿意对别人好的人永远幸福不起来。

一个人不顺的原因，其中有一点就是不肯布施。那些嘴上常常喊穷的人，心里想的只有自己，最后真的越喊越穷。那些天天迷茫的人，心里想得太多，认为自己能力不够，但又不愿意静下心来修炼、提升自己的能力。

人心里想什么，嘴上就会说什么；嘴上说什么，就会吸引来什么。人每天说的话有很大的魔力，影响着人生的方向。积极的语言能把我们带向光明的人生，消极的语言则会引来不幸。看好的，听好的，说好的，才会吸引美好的事物。积极的语言是走向幸福生活的第一步。

正心正念的语言可以改变人的命运，恶念的语言只会招来厄运。人常说的话很可能成为这个人命运的预言。人一旦失去正确的信念，就会失去方向、折损勇气。经常叹气的人会越来越没有信念，久而久之，就会变成悲观的人。有什么样的信念，就会有什么样的命运；有什么样的心态，就会有什么样的遭遇。

五、在语言词汇中修"出息"

气是一种能量的传递与表达，也是自我意志的呈现。意志力薄弱的人，大家会想到什么人呢？汉奸。汉奸常说的一句话："求你们了，不要再打了，我什么都告诉你们。"而意志力强的人，就是"打死我也不说"，在这种人身体里面有一种浩然正气。声音可以共振，也可以调频，在共振中有看得见的低频共振，有看不见的调频共振。修炼声音可以改变人的性格，练习声音可以活经络、通轮穴、增肺气。

人要想保持好的健康状况、好的精神状态，一是要修口。口是心的门户，也可以称为口业，如果说的话给别人的感觉是噪音或说出的是负能量的话，让他人不舒服或对他人造成伤害，就是造口业，也是造的孽业。但若说的是正能量的话，且拥有美妙的声音，就会给他人带来正能量，这就是业力的善业。修身，因为身是气的场所。二是要修意，因为气是意的表达。自古以来只有"这个人有出息"的说法，没有"这个人有入息"的说法。

五音连接五脏，听其声而知其病；百病始于气，止于音，声音连接先天之气。五脏不调，七巧不出，虚其心，实其腹。在传统中医中讲究气的"出息"，中气不足的人其实就是控制力太差。

六、止语、慎言的好处

《论语·颜渊》："非礼勿视，非礼勿听，非礼勿言。""三不猴"中的三只猴子呈半蹲姿势，模样憨态可掬；第一只用手蒙着眼睛，第二只用手捂着耳朵，第三只用手捂住嘴巴，淋漓尽致地表现出谨言慎行、与世无争的处世性格。三只猴子代表的是不看、不听、不说。

人要提醒和告诫自己，无论是工作中还是与人打交道时，都要谨守这三只猴子所代表的"三不"之道，不该看的不看，不该听的不听，不该说的不说，以免招是非、惹争端。

景辰先生点评

曾国藩在《冰鉴》中说，判断人头脑精不精细只要听其讲话就会知道。有些人说了半天，主题还没有讲出来。一个人讲话、处世有没有条理和逻辑，在他的言语中就可以看出来。可以从一个人的语言词汇、信念、价值观、动机与需求等不同的维度"鉴"出一个人的思想格局。

情感扫描发问

1. 结婚前你欣赏对方的哪些特质或优点？
2. 结婚前对方欣赏你的哪些特质或优点？

3. 结婚后你最不能忍受对方的哪些行为?

4. 结婚后你希望让对方成为一个怎样的人?

5. 结婚后对方希望你成为一个怎样的人?

6. 你最不能忍受对方对你说什么话?

第六节　讲好你的故事

开篇对话

启因先生问：景辰先生，您在给企业及个人做咨询时会关注他们的故事，并对"故事逻辑"进行扫描与梳理。这对我们有怎样的帮助？

景辰先生答：故事是一个人的记忆留存，也是一个人思想历程的回忆。故事的内容会体现作者的信念与价值观。用心去听故事，去培养并拥有一种聆听力，同时在聆听故事中洞悉非凡的灵魂！

尤瓦尔·赫拉利在《人类简史：从动物到上帝》中提道："人类之所以成为地球的主宰，就在于人类能创造并且相信虚构的故事。"要创造一个全新的世界，就需要对同类、伙伴讲故事，由此形成"想象的共同体"，将目标、价值、理想、信念、信仰等凝聚在一起，才能把伟大的梦想变成现实。中国古圣先贤伏羲、轩辕、老子、孔子、庄子等都是讲故事的高手，三国时曹操、刘备等也是讲故事的高手，美国的马斯克、扎克伯格等同样是讲故事的高手，中国的马化腾、马云、俞敏洪等也都是讲故事的高手。

作为领导人，要知道事业的成功不是一个人的成功，而是取决于在成功路上你能团结多少人，能带动多少人跟你一起走。事业的成功取决于你身边有多少大将，取决于他们是否愿意全心全意地付出。共同前行的前提是信任，而信任来自领导人与追随者的沟通与思想交流，在精神信念与价值观上达成一致。故事最容易使人产生共鸣，建立认同，帮助人们达成共识，形成共同的价值观与信念。

一、隐喻最易启发人

隐喻在沟通中具有神奇的效果，往往能够在不知不觉中启发和说服当事人。伟大的智者和教育家，如佛陀、孔子、老子、庄子等先圣哲人，无一不善于运用比喻。为什么比喻或隐喻往往能够产生强大的沟通影响力呢？就是因为人们拥有共同的认知体验。隐喻能够使人形成场景的图像认知。大多数人对抽象的事物是很难理解的，而隐喻能够使人在脑海里形成一幅较为具体的图像，因此可以将其潜意识中的能力更充分地调动出来。例如，在《佛譬喻经》中，有一段非常有名的譬喻，告诉人们人生究竟是什么。

在一个寂静的秋天黄昏，有一位旅人在无尽广阔的荒野中蹒跚地赶着路。突然，旅人发现昏暗的野道上，散落着一块块白白的东西，仔细一看，原来是一堆人的白骨。

旅人正疑惑思考时，忽然从前方传来惊人的咆哮声，一只大老虎紧逼而来。看到这只老虎，旅人顿时明白了白骨的原因，立刻朝来时的道路拔腿逃跑。但显然是迷失了道路，旅人竟跑到一座断崖绝壁的山顶上。在紧急情况下，他发现断崖上有一棵松树，并且从树枝上垂下一条藤蔓。旅人便毫不犹豫地抓着藤蔓降下去，可谓九死一生。

老虎眼睁睁地看着好不容易入口的食物逃跑了。此时，旅人内心说："感谢啊！感谢这藤蔓，救了我一命。"旅人暂时安心了，但是当他朝脚下一看，不禁"啊"了一声，原来脚下竟是波涛汹涌、深不可测的大海，怒浪澎湃着，而且在那波涛间还有三条恶龙，正张开大口等待着他的坠落，旅人不知不觉全身战栗起来。

但更恐怖的是他用来逃命的藤蔓，在其根接处出现了一黑一白两只老鼠，正在交相地啃啮着藤蔓。旅人拼命摇动藤蔓，想赶走老鼠，可是老鼠一点也没有逃开的意思，还在不断啃咬藤蔓。忽然，旅人看见附近有甜香的蜂蜜，于是他一手攀藤，一手将蜂蜜送入了口中，哇！味道真好啊！蜂蜜太甜了，旅人竟完全忘记自己正处于危险万分的恐怖境地，全然被蜂蜜所吸引。

佛陀隐喻这愚痴的旅人之相，便是所有人类的"人生实相"。那这段譬喻意味着什么呢？在这里，旅人象征生命，指我们自己。

无尽而寂静的荒野譬喻我们无尽寂寞的人生。我们从生下来时，就成为旅人并开始了人生之旅。但如今我们明白自己生来是为何目的。若不知，岂不就和这愚痴的旅人一样了。

路边的白骨是指我们人生旅途中家庭、亲属、朋友等的死亡。在看到白骨时，我们有何想法？有何感触？我们可曾注意到紧逼而来的"无常之虎"呢？

饥饿的老虎譬喻的是我们自己的死亡。世间的一切都是无常的，死对我们而言是最恐怖的事，故佛陀以恐怖的老虎作譬喻。因为我们的无常之事还没有发生，所以平时人们也不想去思考它。作为旅人的我们，本能地想从死亡中逃开，身体不好时，才想起健身，胃喝坏了，才想起戒酒，亲人离开了，才后悔在世时未对他们好。

松树是指金钱、财产、名誉、地位等。这些东西即使拥有再多，在死亡面前也是无力的。就如历史上的秦始皇、汉高祖，临终时也不免感到"人生如梦"而寂寞地死去。我们现在握着的金钱、财产、名誉、地位等，这些都是带不走的。

藤蔓所譬喻的是人性的"侥幸"心理，人们认为"我还不会死"，认为"我还有机会，我还有时间"。

不断交相啃咬着藤蔓的白老鼠和黑老鼠是指白天和晚上。白天和黑夜在交相地缩短我们的寿命。所谓"活了今天一天，便是死了今天一天"。时间一刻不休地啃咬着我们的生命。等藤蔓慢慢啃咬断，这便是"死"。

蜂蜜是指人的五欲（财欲、色欲、名欲、食欲、睡欲）。许多人一生努力所求的，无非为了这五欲的满足。然而人们不断为这五欲而迷失，都不知道自己人生要干些什么了。

佛陀用这个故事来开启人生究竟为何而来之问。以人代表着生命，以老虎代表死亡与恐惧，以老鼠代表时间的流逝，以奔跑和悬崖代表业力，以枯藤代表执着，以蜂蜜代表人的贪婪和愚痴，以不断咬啃着藤蔓的白老鼠和黑老鼠譬喻白天和晚上，以此将深奥的道理形象地展示给众人。正如亚里士多德所说："我们无法通过智力去影响别人，情感却能做到这一点。"隐喻的故事可以让人们对人际关系、价值观和目标产生认同感，可以引起人们情感的共鸣。有人认为人生是一场游戏，有人认为人生是一场电影，隐喻会让人深入思考。人在思考时最容易、最喜欢接受隐喻的故事。

二、故事是记忆的留存

一个好的故事，有三个喻，喻德、喻理、喻情。喻德，即可信度，如果我们敬重一些人的成就、身份、经历等，就更有可能认同他们的看法；喻理，即通过逻辑、数据和统计资料说服他人；喻情，即唤起他人的情感。沟通中要尽可能地使用比喻、类比的修辞方法和生动的语言，如"这个歌手的声音像天鹅一样美"，通过故事把文字转化成语义，同时也将看法、思想和情感植入了观众的大脑，用故事促进人与人之间的大脑进行"对接"，从而刺激大脑产生共鸣，让语言、感觉、视觉和运动区域都活跃起来。通过故事，沟通者实现信息的传递和情感的沟通，这就是一个好故事的力量。戴尔·卡内基说："只要坦诚地讲述，而且不伤害他人的自尊，真实的个人故事，无论是谁的故事，都是非常有趣的。"① 故事就像一盏明灯，阐释道理，鼓舞人心，故事是屡试不爽的演讲与沟通的素材。

故事是在什么时候产生的几乎不为人知，据说语言起源于 100 多万年前的直立人。直立人发明了象征符号和语言，用这种发明记录着某种"记忆信息"。从某种角度来说"故事也是记忆的留存"，故事中的某些象征符号对听者来说最具价值传递作用，更容易引人注意，更容易让人察觉。

三、好故事的特点

古今中外大多数故事都偏爱数字"三"。例如，在中国有孙悟空三打白骨精、刘备三顾茅庐、刘姥姥三进大观园、宋江三打祝家庄等。西方故事同样如此，如白雪公主的后母毒害了她三次。

用"孙悟空三打白骨精"的故事来分析一下，第一次因果关系是这样发生的：因为孙悟空要保护师父，所以看到妖怪就不容分说地要打，结果被师父狠狠地呵斥。第二次因果关系，是因为妖精变成老妇人，再次来诱骗唐僧，孙悟空以保护师父为第一目标，还是打死了妖精的替身，所以被唐僧撵走。第三次因果关系是，白骨精变成老公公，假装来找他的妻子和女儿，由于没有孙悟空的保护，唐僧被抓到了山洞里，孙悟空最后念及师徒感情，从水帘洞返回，打死了白骨精，救出了唐僧。这个故事一波三折，激起读者的好奇心，所以读者才能跟着故事情节的发展往下看。如果孙悟空在第一次或第二次就把白骨精打死了，可能故事就没这么精彩了。

三次最容易让人形成记忆的逻辑链条。故事情节递进或反复的次数太少，会让人感觉乏味；太多，则让人感觉太麻烦。因此，一般好的故事情节都不会重复超过三次，这符合大脑的生理规律。中国人常说"事不过三"，写作故事也不要"过三"，不然人们就容易记混。

在人类历史中，真理如同赤裸的人，穿上一件衣服才会显魅力。写小人物的大故事也很能让人感动。比如，一个 5 岁的小女孩通过坚持和呼吁募集蚊帐这个善举，帮助了超过一万个非洲儿童的故事，就是小人物的大故事。这个故事肯定比某首富捐了一亿元动人得多。人们总喜欢弱者打败强者的故事。好的故事，一要有图像思考，让语言能生成图像。比如，你讲一个人笨，笨就很抽象，看不见，可是你讲笨

---

① 卡迈恩·加洛. 像 TED 一样演讲［M］. 宋瑞琴，刘迎，译. 北京：中信出版社，2015：48.

猪，大家就能联想到猪；你讲笨驴，大家就能联想到驴，且驴的笨法跟猪的笨法不一样。二是要学会对比，好的句子都是有对比的，如大海捞针、雷声大雨点小、万人空巷等。三是逻辑性强，如一个英雄故事可以分成几部分，分别是得到召唤、启程迎接挑战、遭遇危机、解决问题、重获新生、荣归故里。

四、故事在企业产品营销中的应用

作为企业产品或品牌故事，并不需要像写小说那样那么复杂。例如，香飘飘奶茶广告原稿如下：伴随着香飘飘的广告歌曲，男、女主角在列车上偶遇，并且拿出了同样的香飘飘奶茶，无论画面还是音效，都唯美感人。香飘飘的这个广告画面取材于一个真实的爱情故事，故事发生在一列开往杭州的火车上，一个在南京工作的男孩偶遇了一个在杭州工作的女孩，因为座位相邻，两人一路聊来，彼此都被对方深深吸引，但是在杭州到站时，双方因为初次见面，都很害羞，就没有要对方的联系方式，就此各奔东西。

这肯定不是故事的结束，而是故事的开始。这个男孩回到南京之后，对那个女孩的思念越来越浓，于是就辞掉了南京的工作，来杭州寻找这个女孩，但是苦于没有女孩的联系方式，只好满杭州转悠，希望能再次偶遇女孩。三个月过去，他并没有找到那个女孩，却感动了一位新闻记者，在其帮助下，杭州各大媒体都参与到寻找该女孩的行列中。这个男孩脑海中女孩的形象已经日渐模糊，但对其清晰的记忆就是同样爱喝香飘飘奶茶，于是无论寻找到哪里，他都手握一杯香飘飘奶茶，希望能找到女孩。

这则广告利用真实的故事、动人的情节，再一次让香飘飘美名远扬，香飘飘的广告画面中再现了这段佳话，同时美好的结局设置也表达了香飘飘对美好爱情的祝福，一杯奶茶与一段不掺杂质的甜美爱情联系在了一起。在企业团队里需要一个会讲故事的人。一个真正能够打动人的故事，会让观众不由自主地代入到情景中。

景辰先生点评

人人都不想被教育，但人人都喜欢听故事。人们为什么这么喜欢听故事？故事为什么有这么大的魅力？因为故事中有一种"场景魅力"，让人对故事场景充满好奇。在这个自媒体时代，每个人都渴望被看到、被认可、被欣赏。人人都可以讲出自己真实的故事，真实的故事最能引起共鸣。

故事扫描发问

对过去发问

1. 过去你最不喜欢同什么样的人待在一起?

2. 你最困难的时候是怎样的?

3. 你是怎样突破最困难的那段时光的?

对现在发问

1. 现在你做的事有怎样的价值和意义?

2. 现在你遇到的最大的困惑或困难是?（要突破的地方是?）

3. 现在你最想提升哪方面的能力?

对未来发问

1. 未来你将引以为傲或感到自豪的事会是什么?

2. 未来你将影响哪些人群?

3. 他们会怎样评价你?

第七节　重视生命的深刻情感

启因先生问：景辰先生，您在给企业及个人做咨询时会关注他们的情感，并对"生命的深刻情感"进行扫描与梳理，这对我们有怎样的帮助？

景辰先生答：人为什么会没有了热情、能量？答案之一就是与自己的内心失联了，也与生命的深刻情感失联了！

寻找热情的方法之一就是到创伤中去寻找。为什么要到创伤中去寻找生命的热情？因为创伤中不仅蕴藏着巨大的能量，而且它还可以连接生命的深刻情感！

一、"孔子学琴"

孔子在 30 岁时跟师襄子学琴。师襄子教了他一首曲子后，他每日弹奏，丝毫没有厌倦的样子，手法从生疏渐至熟练。过了 10 天，师襄子对他说："这首曲子你已经弹得很不错了，可以再学一首新曲子了！"孔子站起身来，恭恭敬敬地说："我虽然学会了曲谱，可是还没有学会弹奏的技巧啊！"

又过了 10 天，师襄子认为孔子的手法已经很熟练，乐曲也弹奏得更和谐、悦耳了，就说："你已经掌握了弹奏技巧，可以再学一首新曲子了！"孔子说："我虽然掌握了弹奏技巧，可是还没有领会这首曲子的思想情感！"

又过了 10 天，师襄子来到孔子家里，听他弹琴，被他精妙的弹奏迷住了。一曲终了，师襄子长长吁了一口气说："你已经领会了这首曲子的思想情感，可以再学一首新曲子了！"孔子还是说："我虽然弹得有点像样子了，可我还没有体会出作曲者是一位怎样的人啊！"

又过了 10 天，孔子请师襄子来听琴。曲既罢，师襄子感慨地问："你已经知道作曲者是谁了吧？"孔子兴奋地说："是的，此人魁梧的身躯，黝黑的脸庞，两眼仰望天空，心要感化四方。他莫非是周文王？"

师襄子既惊讶又敬佩，激动地说："你说得很对！我的老师曾告诉我，这首曲子就叫作'文王操'。你百学不厌，才能达到如此高的境界啊。"

孔子长期持续不断地专注做同一件事，学习用心专一，并将生命的深刻情感融入其中，连接体会更深刻的生命情感与旋律艺术。从陌生到熟悉，再从熟悉到融为一体，都是由心而发的。

当代人产生焦虑的原因，是没有专注领悟自我的生命情感。孩子好像成了考试的机器人，父母好像成了为房贷、车贷而忙碌奔波的机器人。孩子与父母缺少深刻的情感交流，缺少共同的经历体验。父母应抽出更多的时间去陪伴孩子。比如，与孩子一起旅行，一起参与社会体验活动等，都是连接情感的方式。

二、给自己的"身心灵"排序

"身心灵"是一个心理学概念。"身"指身体，"心"指心理和情绪，"灵"指灵性。其实分别指自己与自己、自己与他人、自己与社会的关系。

身体健康是生命的基石。随着现代人健康意识的崛起，人们越来越注意合理膳食、适量运动，协调身体各机理组织的平衡。

在心的层次，包括人的情绪管理，人际关系协调，与亲情、友情的连接，善待自己并与他人友好相处等。能管理好情绪，不轻易发怒或迁怒于他人也是人的修养与人格完整的体现。人们常说："一切病由心起。"现代心理学研究认为，85％的疾病来自不良情绪。

灵是指人的精神理想追求，是一个人心性修养及人格修炼更高层次的体现。"身心灵"好比一个西瓜，这块西瓜该怎么切，打算给身体多少比重？给心多少比重？给灵多少比重？可能每个人心中的比重都不一样，但是应给予灵最大的比重。因为，内在心灵的富足是最重要的。

三、用自由意识活出丰盛的人生

前文提到过爱的七个层次，对于这七个层次的爱，人在没有更强的能力或认知较低的时候，往往会从全身心的爱滑落到有条件的爱，甚至相克的爱。

无论选择怎样的生活方式或爱的方式，要想活出人生的幸福与丰盛，都必须先爱自己。爱自己是人生很重要的一个课题。这不是自私，而是只有爱自己，才有可能或有能力爱别人。如果一个人不能先爱自己而爱别人，这种内在匮乏、透支的爱是不能持续的。人生最大的困苦是没有更多的选择，也就是失去了选择的能力。

当人爱自己后才会发现，原来真正的爱是对另一个灵魂保持持久欣赏的能力。高度的自律能带来高度的自由，避免耗费人生有限的时光，人要善于规划自己短期、中期、长期目标，使有限的精力得到充分的利用与发挥。因此，要想让人生不再迷茫，不仅要克服短期主义，更要用长期主义来规划与引领短期主义，长期主义就是寻找清晰的人生定位与使命，活出一个自律、意识自由丰盛且带有深刻生命情感的人生。

景辰先生点评

谁都希望生命更自由，更不受限，但这种希望要建立在自己努力的基础上。人生无论怎样选择，都要尽可能选择自己喜欢的职业、事业或培养某一个特长、热情、爱好。最好能将某一热情或爱好转化为对社会有价值、有益的贡献，这是对自己价值的一种认可与爱的回流。

第七章

洞悉因果

第一节　人要学会认错

开篇对话

启因先生问：景辰先生，您在给企业及个人做咨询时会关注他们"为什么犯错"，并对认错逻辑进行扫描与梳理。这对我们有怎样的帮助？

景辰先生答：无论是认错还是反省都是自己人生的功课。认错的目的是回到自己生命的"原点"，找回自己的根基，让"魂"扎根自己的心，否则人无法经得起诱惑！

人在成长的过程中都会犯错误，但更恶劣的是不敢承认和面对错误。在小时候当发现别人都错了，只有自己是对的，那种感受是一种幸福。但长大后，当你发现只有自己是对的，别人都错了，却是苦的开始。如何在错误中认清自己？如何从错误中成长？在分析错误时可以看到一个人的内心，这是一个非常有趣的过程。

一、不认错的原因

人不认错或许是因为胆怯、怕承担责任、有侥幸心理等，但这些还不算是最恶劣的原因，不认错最恶劣的原因是傲慢。曾国藩有句名言："天下古今之庸人，皆以一惰字致败；天下古今之才人，皆以一傲字致败。"曾国藩认为，庸庸碌碌的人皆因懒惰而一生无一事可成，那些天赋异禀的人又常常因为骄傲而失败。要克服这一问题，就需要从两个方面着手：一个是勤奋，另一个是谦虚。保持谦虚才能进步；保持勤奋，则百弊皆除。

真正的勇敢，不是匹夫之勇，更不是暴力，而是勇敢正视自己，真诚反省自己，勇于面对自己的过错。解决问题最好的方法是提高认知。当你的认知上升到一个更高的境界的时候，问题即可解决。例如，环境层面的问题，在行为层面解决；行为层面的问题，在能力层面解决；能力层面的问题，在价值观层面解决；价值观层面的问题，在信念层面解决；信念层面的问题，在身份层面解决。用更高层次的认知看原先的问题，这个问题就不再是问题了。可以试想一下，自己10岁时的烦恼到现在还是烦恼吗？如果我们总是执着于问题而不去提升、改变自身，问题就永远解决不了。

爱因斯坦说："所有困难的问题，答案都在另一个层次。"这就是说我们要提升自己的认知，让自己变得不一样，这样才能让问题得到解决。同样，一个更好、更优秀、更大度的人，会在错误和反省中找到自己的力量之源。

拥有自信的人生从认错开始，因为认错能在某种程度上帮助人们除去烦恼，使人迷途知返，重新树立自信。人要学会认错，在认错中忏悔自己，反省无愧于良心的道理，在反思中找到成功的途径，修养自己的志气、浩然正气、大义之气，从而让自己的心志变得更强。

二、从错误中吸取教训

人能不犯错固然好，但无论是企业还是个人，都不会直线成长，没有不犯错的企业和个人。一个人能在错误中反省自己、修正自己，就能避免犯大错。有些人会因为犯错陷入自责、自卑的状态里，但人不能总活在过去，而是要通过反省改正错误，让明天的自己更优秀。

当事情没有做好，人们一般有以下三种认错表现：

第一种是自贬的认错，如"我不好，我无能"。

第二种是随意的认错，如"对不起，我错了"。

第三种是觉醒的认错，如"谢谢你告诉我，让我避免走弯路"。

当自己做错事了，不是说"我真没用"，而是说"感谢这件事，通过这件事我成长了"。用感谢的方式来认错，避免让自己陷入自责的情绪里，这个思维也可以运用在生活和工作中。人要学会认错，并勇于面对错误，学会向自己认错，学会向他人认错，并发自内心真诚地认错。真诚地认错，真诚地忏悔，不是念念忏悔文，而是内心要真正认识错误，改正错误。

景辰先生点评

人在生活中难免会犯错误，错了并没有什么，应该勇敢承认自己的错误。《寄诸弟》中，一代圣贤王阳明说了这样一句话："一念改过，当时即得本心。人孰无过？改之为贵。"意思是说，很多错误都是一念之差造成的。人非圣贤，孰能无过，只要是将一念之过改正，就可以找到"本心"，找回灵魂的纯粹力量。

第二节　被忽视的一种力量——认可

开篇对话

启因先生问：景辰先生，您在给企业及个人做咨询时会关注他们的能力，并对其认可自己和他人的情况进行扫描与梳理。这对我们有怎样的帮助？

景辰先生答：认可不仅是欣赏力的一种，也是找到自信的着力点。这个世界每个人都渴望被认可与被欣赏。

一、认可是一种欣赏力

著名教育家陶行知先生有一次看到一个小男孩用石头砸人，于是立刻上前制止了他，并且要求他放学之后到自己的办公室一趟。当陶行知先生到办公室的时候，发现小男孩已经在那里等他了。于是，陶行知先生从口袋里掏出一颗糖给小男孩，说："你比我来得早，这颗糖是奖励给你的。"小男孩接过糖之后，陶行知先生又说："我让你立刻停手，你就立刻停手了，这说明你很尊重我，这颗糖也奖励给你。"小男孩将信将疑地接过第二颗糖，陶行知先生又说了一句："我有了解到，你打那个男生是因为他欺负女生，这说明你很有正义感，再奖励你一颗糖。"小男孩接过第三颗糖，感动得哭了，说："校长，我错啦，那个同学再不对，我也不应该采取这样的方式。"陶行知先生听完，立刻又从口袋里掏出一颗糖给小男孩，说："你主动认错了，这颗糖也奖励给你，我的糖发完了，我们的谈话也结束了。"

通常情况下，我们认为只有批评孩子，才能够让孩子有所改变，但事实上，给予孩子足够的欣赏和认可，会使孩子的自尊水平大为提升，其更可能主动做出改变。

每个人身上都有闪光点，我们应找到自己的闪光点或优势，并好好地发挥。识人用人是经营者的重要功课，当领导者学会用欣赏的眼光去看待下属时，下属会更自信、更喜欢自己。这种自信会感染、带动团队中的其他人，使团队的气氛变得更加积极、融洽。

二、欣赏的重要性

夫妻间缺乏欣赏，就会相互指责；孩子不被欣赏，就会自信心下降；家人间缺乏欣赏，就会争吵不和；同事间缺乏欣赏，就会遗忘对方的优点和价值。其实，这个世界上的每个人都渴望被看到，只是渴望被看到的方式不一样。

《战国策·赵策一》说："士为知己者死，女为悦己者容。"在中国古代，豪侠之士为报答他人的知遇之恩，舍生取义、赴汤蹈火在所不惜。男人心甘情愿为赏识自己、了解自己、懂得自己的人牺牲生命，女人愿意为欣赏自己、喜欢自己的人精心装扮。

人要学会欣赏自己，激发内在动力，提升自信；人要学会欣赏别人，发现别人的优点。很多人穷尽一生都在补自己的短板，而没有找出自己的特质，没能发挥好自己的优势。这个世界既没有无用之心，也没有无用之物，有也只是被放错了位置。欣赏与认可自己可以更好地发挥自己的长处；欣赏与认可伙伴可以让其更有力量，从而使团队合作事半功倍。

景辰先生点评

爱是对一个人的灵魂保持持久的欣赏。拥有欣赏力能让自己和周围的人变得更加美好。世界永恒不变的规律就是它永远在变。在这个世界上，所有在变化的事物都有机会变得更好、更美、更值得期待。

第三节　从成器到不器

开篇对话

启因先生问：景辰先生，您在给企业及个人做咨询时会关注他们的器，并对器进行扫描与梳理。这对我们有怎样的帮助？

景辰先生答：器是一个成长的过程，也是一个成为的过程。但真正的器是活出生命的灵活力，就如孔子所说："七十而从心所欲，不逾矩。"

据美团 2020 年发布的骑手就业报告数据显示：目前，在美团 300 万送外卖的大军中，有本科生 17 万人、硕士生 6 万人。看到这个数据你会觉得惊奇吗？其实，也没有什么好惊奇的。每个人都有自己的喜好或选择，职业没有贵贱之分，都要靠自己的劳动付出来立足社会。但引发笔者不断思考的是，这是否会成了一些人所谓"读书无用论"的证据之一，这些上了二十多年学的人是怎样看待自己的，怎样看待自己的未来的。或许在没有走进社会之前，很多大学生对自己的前途充满幻想，如想成为高收入的高级白领、未来年薪百万，买房、买车……现实却不是这样的，曾经的满腔热血在现实中遭受到一盆冷水。

一、器与不器

孔子说："君子不器。"器指的是一个人要有某种专长，成器指的是成为一个有用的人，不器指的是不局限于自己的专长，不被自己的专长或特长所局限。一个人要有一技之长才能在某一领域为社会进步做出自己的贡献。但一个人只有专长未必有大贡献，君子的境界是要超出自己的专长或特长之外。比如说，一个人在画画这个领域具有天赋，学得很快，但不一定就是画家，也可能是画匠。从画匠到画家的过程，就需要拥有超出画匠的境界。例如，著名画家蔡志忠将画画与哲学相融合，画出的作品传递了中华文化精华，影响了很多人。再如，音乐领域的传奇天才人物莫扎特，5 岁的时候作了第一首曲子，7 岁的时候创作了第一部奏鸣曲，11 岁的时候创作了第一部交响曲。毫无疑问，莫扎特是音乐领域的天才。假如莫扎特只有音乐天赋，他能不能成为一个伟大的音乐家呢？答案是不可能，因为其作品的内涵并不只是来自音乐本身，还要连接另外一种哲学能量，作品中包含了莫扎特对世界、人类的悲悯之心，这种思想境界超越音乐本身。莫扎特用音乐来表达对真理的领悟，对命运的探讨，这就是不器之器。

二、人生第一器——悲悯心

根器来自哪里？怎样辨别根器？一个人的根器与慧根是无法测量的，也无法用语言来表达，但可以用心去感应这个人有没有悲悯心、慈悲心、仁爱心。人有了悲悯心，就有了智慧的根源。智慧，即悲悯；悲悯，即智慧。没有悲悯心的人，根器会很小，因为内在藏满自私自利的心。人有了悲悯心，就可以连接更大的世界、更大的能量，他的根器或器气就不会小，就不会受限。悲悯心是智慧的源泉。

在这里要做一个明确区分，就是悲悯与可怜是不同的。有部分人看到别人可怜，心里就觉得舒服；看到别人过得好，心里就会有些不舒服或有点别扭。就如鲁迅批评"喜欢看热闹"的围观心态中有一种"猎奇"或"看客"的思维。

悲悯心、慈悲心不是看你可怜。有部分人就喜欢看比自己过得不好的，不喜欢看比自己过得好的。这个心态里面藏着嫉妒心。嫉妒是指因人胜过自己而产生忌恨的一种心理，包括对才能、名誉、地位或境遇等比自己好的人心怀怨恨。有一种得不到心里面酸酸的醋味，还带有一种敌视、排斥、记恨的心理状态。嫉妒是天主教七宗罪之一。如果一个人在见到别人痛苦或困难时，能感同身受，并立刻给予他人帮助，那么这个人的根器就很好。反之，这个人的根器就很差。

小时候经常听长辈们讲，孩子长大后一定要成器，要有出息。到长大后笔者才明白什么是器。成器就是成为一个用的人。古语讲："玉不琢，不成器。"或许你本以为读了二十来年书，上了大学就是成器了。看到美团的数据结果，笔者感到现实很残酷。现实是在学校里学习的内容并不能让学生在社会上找到理想的工作。学生毕业后会发现学习的专业已过时，或者学习同专业的人太多了。在资本经济利益驱动下的教育是否让我们的小学、初中、高中、大学变成了商品化工厂？我们对孩子的教育是否缺失了一种东西，即缺少悲悯情感的人性化教育，这是教育体制值得深入思考的问题。

三、人生第二器——能力

想成器，光想还不够，你还得要有韧性，不坚持就不能被塑造或沉淀下来，能力就会不稳定。有一本书叫作《刻意练习》，讲的就是反复练习才能拥有能力。当一个人的沉淀或韧性还不够，遇到困难、障碍、挑战、冲突时就放弃了，因为能力不能够支撑他战胜困难。

孔子所说的"君子不器"，是指君子不能被器具困住，提醒已经成器的人不要被器所困住，而是应心怀更大的理想与责任，突破内心框架。但人要明白一个道理，就是"自助而后人助，自助而后天助"，人唯有自助才有天助。

无论是先专注还是先多元，人都要给自己定一个方向，在这个方向上修炼自身。当一个人有点能力时，可能会招人妒忌，因为你让他人感受到自己的匮乏。这时你的能力所产生的能量感让别人有了压力或威胁、恐惧等，因为人的自我认识往往产生于与他人的比较。人成器后，要学会谦虚与保持低调，这也是一个修炼。无论怎样，人都要先成器，然后才能不器。人类是有妒忌心的，就如一只野鸡与一只山鸡相遇了，因为个头都差不多，就会互相比试，看谁的个头高一些，谁的个头矮一些，甚至还会因谁也不服谁而打起架来。但正在这时有一只鸵鸟走过来了，它们谁也不敢同鸵鸟比个头。因此，一个人只有修炼到比他人更高的境界，才可能避免别人的妒忌心。

无论怎样选择，人生的路还是要自己走的。因为人从出生那一刻起，业就已经开展了，上学开始就有了学业，毕业后要面临就业，想要奋斗美好的人生就要做好事业。这一切都离不开能力。与其说人要具备在社会上生存的能力，还不如叫提供价值的能力。

一个人入世要修出自己独当一面的能力，要具有与众不同的技能，要能维护自己的尊严。在修炼自己的过程中，人会慢慢培养一种独立思辨的能力。同时，在成长修炼中培养、完善自己的人格，让人格达到一种"敬天爱人"的境界。

人的能力来自自己的信念与价值观。人的能力大小由自己的需求大小决定，换句话说，就是一个人的需求有多大，这个人就有可能产生多大的能力。如果能理解这一点，那么要想拥有更大的能力就不要给自己设太多边界。我们常说一句话："这个世界没有你做不到的，只有你想不到的。"可见想象力对一个人多么重要。表面上是想象力限制住了你的能力，更深层次是行动力与意愿力限制住了一个人的能力提升。

四、人生第三器——热情

能力来自哪里？来自你内在相信的热情。热情是你所相信的，是一个人生命力的呈现。日本著名主持人国谷裕子采访乔布斯，乔布斯在节目中就自己如何看待年轻人创业、在公司中如何传达自己的理念分享了自己的看法。

主持人问乔布斯："当你遇到重重困难时，你有考虑过放弃吗？"乔布斯回答："有些时候还是挺绝望的，但是现在我就不这样想了，最早几年还是蛮痛苦的，我觉得最重要的事情就是，如果你要创建一样新事物，那么你必须充满热情，因为这真的很难，创建一家新公司是一件很难的事情，你必须很努力，如果你没有热情，那么你肯定会放弃。成功的人和没有成功的人的最大区别就是那些成功的人不放弃，失败的人很容易放弃，你真的必须保持热情，因为真的是太难了。"

迈克尔·杰克逊对音乐充满热情，留下永远经典的太空舞步；李小龙对武术充满着热情，创立截拳道，成为武术宗师；金庸对写作充满热情，成为文坛巨匠。人们会发现凡是有非凡成就的人，他们都在干一件事情上充满热情。无论选择怎样的人生，当你不断寻找热情，为热情而坚持时，你会发现，你所热爱的，有一天一定会加倍拥抱并热爱你。因为热情是生命最佳的方程式，如果可能的话，要把自己生命的热情与利他、财富相结合，实现内在与外在的双丰盛，这将是人生最好的模式。因此，热情是生命力的呈现。

五、真正的器是养浩然正气的根器

根器有大小之分，就如六祖惠能所说："小根之人，闻此顿教，犹如草木，根性小者，若被大雨，悉皆自倒，不能增长。"[①] 人成器的能力来源有以下四个方面：一是因需求而产生；二是因痛苦而产生；三是因热情而产生；四是因愿力而产生。从成器到不器，《孟子》有言："是集义所生者，非义袭而取之也。"在孟子看来，浩然正气是内心的正念日积月累产生的，不是一时或偶尔的正义行为就能得到的。

人之所以不快乐，是因为活得不够单纯。真正的根器在于培养浩然正气，一是培养至刚无畏的昂扬正气；二是拥有以天下为己任之气；三是培养无私的光明磊落之气。生命有了这样的气才快乐。

六、根器与精力善用

现代人经常熬夜泡酒吧、打游戏到半夜、熬夜追网剧，长期的睡眠不足会使人的精神状态越来越差。当一个人处于消沉的状态、精力不够时，就无法让自己保持专注，意志力和执行力就会减弱，因为一个人的多巴胺是有限的，精力也是有限的。

---

① 中华文化讲堂．六祖坛经［M］．北京：团结出版社，2017：45－46.

古人说："良田千顷，不如一技在身。"这是非常重要的观念。对现代人来说，真正要修的是聚焦能力、专注能力、制心一处能力。修的是精力善用的能力。人立于世要修自己的两种能力：一是专注能力，即成为"专才"；另一种是通才或全才能力。对一般家庭出身的孩子来说，要先修专才让自己有价值，通过专才的某个价值点拿到人生的杠杆，用"单点破局"的思维去突破人生的瓶颈。同时，人要修炼组织能力、培养胸怀格局、树立清晰的使命与价值观等。从事技术的人可以修专才，但从政的人一定要修全才或通才，因为从政的人的每一个决策都可能涉及老百姓生活的方方面面，不得不全面考虑与慎重决策。

七、根器与功德福德、福报

前面有提到梁武帝是佛法的虔诚信徒，一生建造了很多寺庙，还几度出家当和尚，但被达摩说"确实没有功德"。从另外一个视角来解读，着重于外在形式的梁武帝难以契合达摩所说的佛法，但他反而觉得达摩不懂佛法，而达摩觉得梁武帝的资质太差，因此两人的会面不欢而散。

在功德与福德这件事上，六祖惠能给出了一个说法。有一天，韦璩刺史为惠能大师举行大会斋。吃完斋饭后，刺史请大师登上尊位，然后和其他官僚整肃仪容，并向大师行了两次拜礼，然后就向惠能大师提出一个问题，"弟子我听说，菩提达摩祖师开始渡化梁武帝时，梁武帝问达摩：'我一辈子都在建造寺庙，救渡僧人、布施财物、广设斋会，这些善行有什么功德？'当时达摩祖师说：'实在没有什么功德。'弟子我还没有明白其中的道理，希望师父发慈悲替我解说。"

惠能大师说："梁武帝的确没有什么功德，你不要怀疑先辈圣人的话。武帝心存邪见，不懂得真正的佛法。建造寺庙，救渡僧人，布施财物，施舍斋饭，这叫求福，不能把求福当作功德。功德存在于法身中，而不在求得福报的善事上。"惠能大师又说："明心见性就是功，平等无二就是德。每念之间没有滞碍，常能认识自己的本性，发挥自性的真实妙用，这叫功德。内心谦虚就是功，外在的行为有礼就是德。从真如自性中建立万法就是功，心体远离一切妄念就是德；念念不离自性就是功，应用万端而不染者就是德。如果要寻求功德法身，只要依照这样去做，就是真正的功德。如果真是修功德的人，心里就不会轻慢他人，而能普遍尊敬一切众生。如果心中经常轻慢他人，我执没有断除，自然不会有功；自己的心性虚妄不实，自然没有德；这是我执未除，自高自大而常常轻视一切的缘故。正念不间断就是功，心行平直就是德；自修心性就是功，自修'身行'就是德。功德必须向自性中求，而不是借着布施供养所能求得到的，所以福德与功德是不同的。梁武帝没认识到这个真理，无法契合，并不是我们的祖师言行有过错。"① 由此可见，人要用心修功德，没有功德，一定没有福德；没有功德、福德，一定不会有福报。

八、真善美交融

所有的科学都在寻求一个"真"字；所有的宗教都在追求一个"善"字；所有的艺术都在追求一个"美"字。无论哪一个行业，都要具有一个主心骨的"定"，同时也要具有两翼。"真"是科学的智慧，是教化人生的，需要有哲学的思维和艺术美德的翅膀，不然科学也会把人类给毁掉。"善"是道德的智慧，是德化的人生，需要有科学与艺术的翅膀，不然宗教也会愚昧众生。"美"是欣赏的智慧，是艺术化的人生，需要插上哲学道德与科学的翅膀，不然所谓的艺术美也会失控。这三种能量相互助力，人生才不至于走偏，才会更顺利。

景辰先生点评

怎样活好自己？孔子早在 2 500 年前就给出了答案："朝闻道，夕死可矣！"王阳明的答案是"立志成贤则成贤，立志成圣则成圣，志不立，天下无可成之事"。佛陀选择的是"普渡众生"。假如人没有活出自己生命的热情，没有找到自己清晰的定位和使命，很难活出一个更好的自己。愿每个人都能活出自己的热情与找到自己的使命，把自己生命的热情与美好的愿景带给这个世界。每个人都要给自己一个清晰的定位，每个人都要找到自己在这个世界的使命。

"从成器到不器"告诉我们的是，真正的人才是能突破局限的人，既能突破能力局限，不断提高、进步；又能突破思想局限，不断创新、进取。人们应当在学有专长的基础上不断拓宽自己的知识面，提高自己的综合素质；同时还要解放思想，更新观念，提高思维认知，增强洞察形势、把握规律的本领，从而最大限度实现人生价值。一个人成长成才的过程，就是不断突破能力素质边界、不断更新思想认识，从而实现自我超越的过程。

---

① 中华文化讲堂，六祖坛经［M］．北京：团结出版社，2017：43 – 44.

第四节 理解是爱的前提

开篇对话

启因先生问：景辰先生，您在给企业及个人做咨询时会关注他们的理解能力，并对其爱的思维进行扫描与梳理。这对我们有怎样的帮助？

景辰先生答：为什么说理解是爱的前提？因为每个人的信念与价值观都不同，每个人的人生追求与需求也不同。如果不明白对方的需求，就不能引领其对生命进行更高层次的追求。其实很多人付出的"爱"都只是一厢情愿，他们并没有真正地理解爱。

一、什么是真正的慈悲

有一个修行者在河边打坐。他看到一只蝎子掉进了河里，然后伸手就捞了上来。蝎子蜇了他一下，他忍着剧痛，然后就把蝎子给放生了。过了一会儿，这只蝎子又掉进了河里，然后他伸手继续捞这个蝎子，而蝎子又蜇了修行者一下，这位修行者忍着剧痛又把蝎子放生了，如此这般三四次。旁边有个人就问他："修行者啊！蝎子蜇你，难道你不痛吗？"修行者说："我痛啊！"那人又问："那你为什么还要救它呢？"修行者说："蝎子蜇人是它的本性，而有慈悲心是我的本性。"说完之后，又过了一会儿，这只蝎子又掉到河里。这时候走过来一位智者，拿起一根干树枝把蝎子给捞上来了。修行者看了之后恍然大悟。这个智者就对修行者说："让自己不受伤也是慈悲，爱好自己也是慈悲。"

其实生活当中有很多人需要我们去照顾，但是真正的慈悲是先对自己慈悲，因为只有把自己照顾好，才有可能去照顾好身边更多的人。

二、理解对方的需求才是爱

小李出生在西北山区的一个农村家庭，全家人竭尽全力供他读书，他也不负家人期望，考上了一所大学。大学毕业后，小李来到南方找到了一份不错的工作，并结识了小美。两人情投意合，擦出了爱的火花，很快就走入了婚姻的殿堂。小李是一位事业型男人，婚后将更多的精力放在事业上，为事业而拼搏，但同时因事业而疏忽了对小美的关心，于是小美总是埋怨小李在家里什么事都不管。小李也感到委屈，自己努力挣钱养家，拼死拼活，回到家里还受妻子的埋怨。时间一长，两人关系越来越恶化，直到有一天义尽情断，两人的婚姻走到了尽头。

走出婚姻失败阴影后的小李，遇到了善解人意的小琴。在这次婚姻中，小李对夫妻感情倍加珍惜，只要有时间就陪伴在妻子左右，对妻子倾注自己所有的爱。但偏爱打扮外表的小琴对奢侈品有着很高的渴望，这让事业刚刚起步的小李内心苦不堪言，经济压力巨大。随着孩子的出生，家庭开支也逐渐增大。经济的困顿及工作的压力让小李苦不堪言，承受不起了。小李便埋怨小琴不会过日子，乱花钱，而小琴则埋怨小李挣钱太少，没本事，不舍得在自己身上花钱。于是双方陷入了长久冷战，最终分道扬镳。

经历两次婚姻挫折后的小李对婚姻产生了恐惧：他不理解自己因努力挣钱养家而失去第一位妻子，因爱放弃事业为什么还会失去第二位妻子？为什么会有一样的结果？正当小李为这些困惑苦恼时，他遇到了一位禅师。他对禅师讲述了自己两次婚姻失败的经历后，禅师说：“有一个很喜欢小兔子的人，总想给小兔子吃点新鲜的东西，他拿了最美味的鱼给小兔子吃，即便想尽了办法，小兔子也不张口吃鱼。另一个人很喜欢猫，拿最好的胡萝卜给可爱的小猫吃，小猫怎么也不吃，他想了很多办法，小猫还是不吃。”禅师接着说：“你给的是别人不需要的东西，别人当然无法感觉到你对爱所付出的价值。”小李似乎明白了他两次婚姻失败的根源：第一任妻子要的是关爱而不是挣更多的钱，这是在给对方不需要的东西。在第二段婚姻中，他以为只要尽可能多地抽出时间陪伴妻子就能维持婚姻，同样是在给对方不需要的东西。禅师又说：“其实这些也不重要，关键是你们都没有看到对方的付出，没有爱自己，没有让自己内在变得丰盛。”

为什么在爱情刚开始时，双方感觉很好，相处久了或结婚生活一段时间后两人就没感觉了？因为在刚开始时看到的都是对方的优点，而在一起时间久了就会发现对方的缺点。在这个世界上，怎么会存在没有缺点的人呢？只是人们往往会“近则无神"，即熟悉对方后就忽视了对方的优点，而常常看到对方的缺点。这或许是当前离婚率居高不下的原因之一吧！

在成长过程中，受原生家庭、老师及成长环境的影响，每个人都会形成自己的性格。性格中有正向、光明的能量，也有负面、黑暗的能量。人与人的不同主要表现在性格与思维方式上，就如前面离婚的小李，他在原生家庭中因贫穷而对金钱充满渴望，在他看来，挣钱或拥有更多的金钱才有安全感，认为给妻子钱就是最大的爱。可是他的第一任妻子并没有认可这份爱。当一个人的付出没有被对方认可，黑暗的能量就出来了。例如，未得到认可的小李，内心产生了愤怒的能量，并向对方发泄他的愤怒与不满。可这种情绪、抱怨对方不接受，也不理解。

当一个人为另一个人付出太多了，并想得到回报的时候，爱就发生了变化。当人的期望得不到满足时就会失望，有期望就可能会有失望。当对爱有了要求，有了目的，这份爱就变成了有条件的爱。因此，在交往中，要理解并满足对方的需求，在一定程度上降低自己的预期。

景辰先生点评

生命的幸福状态或幸福质量取决于两个方面：一是对内的功课，即爱自己；二是对外的功课，即对他人能够保持持续的欣赏。

第五节　如何寻找真正的智慧

开篇对话

启因先生问：景辰先生，您在给企业及个人做咨询时会关注他们的烦恼，并对其烦恼进行扫描与梳理。这对我们有怎样的帮助？

景辰先生答：人生无论遇到怎样的境况，都会发现发生的一切都是来成就自己的，会发现所有的经历都是人生完美计划的一部分。自己的烦恼可能也是这个世界很多人的烦恼，因此，你可以看到你的烦恼可以解决世界上很多人的烦恼。

烦恼，即成长点！

烦恼，即反转点！

烦恼，即引爆点！

一、有智慧的人能控制好情绪

有这样一个故事，从前有个非常穷的人，有一天突然暴富了，成了暴发户之后，他总感觉自己还缺点什么。于是，他就去镇上问一位有德行的老人家："您看我现在还缺点什么呢？"这位老人就告诉他："你现在还缺点智慧。"这个人一想："嗯，有道理。"但他真的不知道什么是智慧。他说："那我应该怎么样去得到智慧呢？"那个老人说："你可以到城里去，那里人多。有智慧的人也很多，你可以去花钱买一些智慧回来。"于是，这个人就带上一百两黄金到城里去了。刚到城里，他就发现了一位老人，感觉这位老人像是一个有智慧的人，就对老人说："老人家，您能教给我一些智慧吗？"这位老人说："我就教给你一条，就是当你生气想发脾气的时候，你先往前走七步，然后再往后走七步。"这人听了之后非常感谢老人家。感谢完后，他就一边往回走一边思考。回到家的时候，天色已经很晚了，这个时候他推开房门，忽然看见自己的床上躺着妻子和另外一个人。这时候，他愤怒极了，于是想找刀去砍人，但就在这个时候他想起了老人家说的话。于是，他就朝前走七步，然后朝后走七步。这前后一走，突然他就冷静下来了。他就想，我先看看是谁，这时候他掀开被子一看，原来是自己的妻子和母亲躺在了床上。他惊出了一身冷汗，感谢老人家给的七步之法，让自己冷静下来，避免了一场灾难。

这位老人家告诉了他什么呢？一个人能控制住情绪，不发脾气，才是真正的智慧。孔子说："我最欣赏的学生就是颜回，这个人不迁怒，不贰过。"可以说不迁怒，能控制好自己的情绪才是智慧。

二、有智慧的人懂得谦让、提升德行

《素书》说："高行微言，所以修身。"意思是一个人的行为要高尚，言语要谦恭谨慎，做事情既能安住当下，又能觉察更远的全局。古语说："聪可以知远，明以察微。"意思是说，耳朵灵敏可以听清远处的声音，眼睛好可以察觉很细微的东西。孔子说："仁者安仁，知者利仁。""不仁者不可以久处约，不可以长处乐。"真正有智慧的人是做有利于提高自己德行的事，更不能为一些小利而让自己的心受到污染。

三、有智慧的人会提问

很多人都喜欢让别人"听我的"，这个世界"听"比"说"更重要，在听中学会理解、关心、支持他人。懂得聆听的人是有智慧的人。在人的五官中，人的眼睛、嘴巴都可以封闭起来，耳朵却是无法关闭的。

真正有智慧的人是有聆听力的人，能聆听事实、需求、意图、动机、痛点，情感和信念。在点头、注视、微笑中做一个善解人意的人，持善念，种善种。

这个世界不缺表达者，而是缺少静下心来的聆听者。比说更高层次的能量是聆听的力量，能听到对方，能听懂对方。比聆听更重要的是总结、提炼和反馈的能力。

问题即答案，一个好的发问比问题本身更重要，反馈出关键的要点更难能可贵。宇宙的一切答案都在，只是你不会发问。你的烦恼可以解救世界，你的烦恼也可能是很多人的烦恼。帮助别人解决烦恼，你的烦恼也许自然就解决了。问对问题的能力和解决问题的能力一样重要，好的提问和问题本身一样重要。不管是过去、现在，还是未来，只要一个人开始提问了，那么他的智慧就已经觉醒了。

四、真正的智慧来自对话

纵观历史，无论是佛陀还是孔子，他们都不热衷于写书。我们可以分析一下，《佛经》是佛陀与弟子的对话，由弟子记录下来编辑成经文；儒家代表人物孔子所述的《论语》，也是孔子的弟子将孔子与弟子的对话记载、整理成的作品。

这是为什么呢？这是因为古圣先贤们是从对话中悟出真正的智慧的，对话的魅力是基于发问的问题而产生的。这个过程是一个明确问题及人的思想的过程。

同样，在西方，发问是一种古老而强大的表达方式，早在数千年前，苏格拉底就曾用发问的方式帮助与他交谈的人厘清想法，找到问题，从而解决问题。

五、真正的智慧是懂得"绝圣弃智"

《道德经》说："绝圣弃智，民利百倍；绝仁弃义，民复孝慈；绝巧弃利，盗贼无有。此三者以为文不足，故令有所属，见素抱朴，少私寡欲。"《金刚经》说："应无所住而生其心。"什么是无住呢？无住是指人们的妄心、分别心不能住，因为妄心、分别心往往会阻碍人们的自性，使人自性本具的智慧、德能显现不出来。"而生其心"是指要生的是般若智慧，因为自性就如一个巨大的宝藏，里面藏着无量智慧、无量德能、无量相好，但被妄想、执着阻碍住了。若要有智慧开发出来就需要"心无所住而生其心"。

真正的智慧是向善的智慧，要明白"知止而后有定"，要明白此生来这个世界是来修功德的，有功德才可能有福德，有福德才可能会有福报。没有功德也就没有福德，没有福德也就没有福报。修福德即修福报。

景辰先生点评

真正的智慧是什么？真正的智慧是不能说的，凡是说出来的都不能称为真正的智慧，智慧是靠自己去悟的。老子说："知者不言，言者不知。信言不美，美言不信。善者不辩，辩者不善。知者不博，博者不知。"

真正有智慧能成事的人是懂得"事以密成，言以泄败"的。人生最大的觉醒就是行动。真正有智慧的人就如一位接生婆，帮助别人把一个本性具足的种子找出来，具足智慧，帮助他人找到自己的灯塔。一个有智慧的人是能在别人迷茫、困惑、看不到希望的时候，给予一个点拨或提醒。真正有智慧的人能帮助有缘人，唤醒每一位有缘人寻找那非凡灵魂的内在引力，使其以最好的生命状态实现精神、财富双自由，成就圆满人生。

第六节　养气与养志

开篇对话

启因先生问：景辰先生，您在给企业及个人做咨询时会关注他们的气与志，并对其进行扫描与梳理，这对企业及个人有怎样的帮助？

景辰先生答：人只有努力了，才能在机会来临时抓住机会。在机会来临之前要做的事就是养气与养志。大家都知道毛竹的生长在前四年都是扎根、深扎根，从第五年开始，它每天疯狂生长。因此，人无论做什么事情都要有规划，不能急于求成。

在对待事情的态度上，我们要提升到"只问耕耘，莫问收获"的境界。

一、培养浩然正气

王阳明说："欲成大事者，先破心中贼。坐中静，破焦虑之贼。舍中得，破欲望之贼。事上炼，破犹豫之贼。"中国的圣人之学在于悟后起修，如老子的柔顺之气、庄子的逍遥之气、孔子的仁爱之气、孟子的浩然之气、慧能的清净之气、王阳明的光明之气、曾国藩的慎独之气。古人圣贤的智慧，精通一样都足以过好人生，养成能量气场。

《孟子》说："是集义所生者，非义袭而取之也。"在孟子看来，浩然正气是内心的正念日积月累所产生的，不是偶尔的正义行为能换来的。

何为浩然正气？一是"养至刚无畏的昂扬正气"，二是"养以天下为己任之气"，三是"养无私的光明磊落之气"。

培养浩然正气要在根上下功夫。人们常用"根器"或"根性"一词来形容一个人的天赋、禀赋或做某件事的能力。人的根器分为三个层次：一是下根器，指不能自悟者；二是中根器，指能自悟者；三是上根器，指能自悟并能悟后起修者。

　　培养根器，要戒掉怨气，从反省自身开始，无愧于良心，才能理直气壮。戒除内在的贪欲，学会断舍离。一个人很厉害，并不是因为他做的事多，而是因为他能把一件事做好，什么都想做的人往往什么都做不好。因此，立志是守护根器及用好根器的方法。人不管做哪一方面的事业，都要给自己的人生立志，只有这样才能管理好、用好自己的能量。立志是人生大事之一，没有志气就不能奋发有为，就不会成功。

二、养气的四个方法

　　一是慎独。慎独是指个人独处时能自觉自律，谨慎所思所行，修持道义。《大学》："所谓诚其意者，毋自欺也。如恶恶臭，如好好色，此之谓自谦。故君子必慎其独也。"

　　二是主敬。主敬则身强，思诚则神钦。思诚者，心则忠贞不贰，言则笃实不欺，至诚相感故神钦。做事没有主敬，就容易懒散、不认真。没有敬畏之心，很难专注做好一件事。

　　三是培养浩然正气。这是一种永不磨灭的正向信念。

　　四是读书。曾国藩曾在《冰鉴》中提道："书味深者，面自粹润。"心地单纯、洁净的人，将一切人世间的杂事、琐事和烦心事都抛到九霄云外，唯一能引起其注意的是书中所体现出来的那种境界。这种境界构成了对外物的排拒力，因此这类人才能构建好自己的精神家园，守住自己的内心世界，这类人呈现出的状态是安静且祥和的。

景辰先生点评

　　读书是积累知识，并不断提升认知的过程。真正厉害的人从来不用成败来评论自己，而是在修行中不断积累德行，深刻洞察当前的时局，从而找到破局之法。只有深度思考过自己人生目标的人，才会拥有强大的定力，才有选择自己人生的能力。静下心来读书，做一个拥有信念的人。

第七节　问醒未知的自己

开篇对话

　　启因先生问：景辰先生，您在给企业及个人做咨询时会系统地发问，您的问题是如何对来访者进行扫描与梳理的？这对我们有怎样的帮助？

　　景辰先生答：发问本身就是一种对话，对话的真正的目的在于启发对方。通过对话启发来访者重新找到自己的路，找到前行的路，找到回家的路。

一、对话能带来启发

　　对话是当下思想的交流，也是一个思想启发、共振的过程。禅宗传到六祖慧能之后就没有再传下去了，为什么后来没有听说七祖或八祖了呢？因为禅宗一直保持智慧"只可意会"的原则，讲究渐修与顿悟，真正的智慧最终还是靠自己觉悟或悟道。慧能不识字，但讲法、传法时，只需要有人读一遍给他听，他就可以给别人解释其中的意思，这就是"直指人心"。

二、自命不凡的人如何创造非凡成就

　　历史上那些成就非凡的伟人及伟大的科学家都是发问的高手。例如，爱因斯坦说："提出一个问题往往比解决一个问题更重要。"解决问题也许运用到的只是一个实验上的技能，而提出新的问题就有新的可能性产生。从新的角度去看旧的问题需要想象力与创造力。

　　人的一生会被各种各样的问题困扰或支配，而不断向自己提问、明确目标，就能使自己把有限的时间花在最重要的事情上。因为提问的过程就是一个自我梳理、自我反思、自我排序的过程。提问是想象力的表达，知识是有限的，而想象力是无限的，想象力比知识更重要。无论是在科学界还是在商界，那些创造非凡成就的人，都是提出新问题并提供解决方案的人。例如，乔布斯提出触屏手机的创意设计理念，改进了智能手机。又如，特斯拉创始人马斯克认为未来能源的转变是一个大问题，提出让特斯拉成为世界可持续交通能源转变者这一理念。特斯拉不仅在造车，其战略目标是做引领互联网革命的"信息移动终端的传输接口"，并在这一领域不断挑战与创新。

三、给自己的人生一个深度发问

其实，现在一些年轻的创业者感到迷茫、焦虑、不安，主要原因还是没有找到清晰的方向与定位，一直处于犹豫不决的境地。俗语说："欲成入世功，先修出世神。"无论做什么，要做自己相信的事，可能会成功的事，这样才能有信心，才会有行动力。因此，王阳明说："知者行之始，行者知之成。"唯有让出世与入世相统一，才能让出世引领入世。这就需要给自己的人生一个深度发问，与自己的内心对话并达成一致，只有内心坚定了方向与目标，才能在"事上炼"中拥有更大的动力。

景辰先生点评

在踏上人生征途之前，人们首先应该明确自己内心真正想要的是什么，可以运用本书提供的问题，向自己提问，了解自己的内心。只有明白自己心中真正想要的东西，你的所言所行才能与自己的价值观、信念、长远规划保持一致。而当你真正实现了心之所想时，那种由内而生的喜悦和满足感才显得弥足珍贵。因此，只有追随自己的内心，你才能实现自己的人生目标，成为你想成为的人。

参考文献

［1］南怀瑾．原本大学微言［M］．北京：东方出版社，2014.

［2］曾国藩．挺经·冰鉴［M］．北京：中国友谊出版公司，2014.

［3］中华文化讲堂．六祖坛经［M］．北京：团结出版社，2017.

［4］范毅然．巴菲特给儿女的一生忠告［M］．长春：吉林文史出版社，2019.

［5］冯友兰．中国哲学简史［M］．赵复三，译．北京：文化发展出版社，2018.

［6］曾国藩．冰鉴全鉴：典藏诵读版［M］．余长保，解译．北京：中国纺织出版社，2018.

［7］龙昌大．价值观的力量［M］．南昌：二十一世纪出版社，2012.

［8］卡迈恩·加洛．像TED一样演讲［M］．宋瑞琴，刘迎，译．北京：中信出版社，2015.

［9］南怀瑾．列子臆说：中册［M］．上海：复旦大学出版社，2017.

［10］舒马赫．心智模式决定你的一生［M］．江唐，译．北京：中国青年出版社，2012.

［11］南怀瑾．金刚经说什么［M］．北京：东方出版社，2016.

［12］中共中央文献研究室，中共湖南省委《毛泽东早期文稿》编辑组．毛泽东早期文稿［M］．长沙：湖南人民出版社，2013.

［13］付金财．道不可离：重新发现《大学》《中庸》本义［M］．北京：华龄出版社，2022.

后 记

随着社会快节奏的发展，有些创业者失去了生命的支撑力，其产品失去了价值支撑力，其企业失去了理念的支撑力，还有些创业者失去了打拼事业的价值感。其核心是失去了哲学力量的引领，失去了生命深刻情感的连接。如何以"道"御术？人的精神需要由一种"愿意相信"的观念引领，即必须回归到中华文化的根。这个"道"就是当代创业者要明确的时代使命。

习近平总书记在庆祝中国共产党成立 95 周年大会上提出"四个自信"，即道路自信、理论自信、制度自信、文化自信，为时代创业者指明了方向。创业者的根就是使命，要把这个使命的根深植于这个最好的时代。

信仰是什么？信仰是对生命价值的确认及对人生意义的领悟。中国人的信仰不是靠宗教来确立的，而是靠哲学解决人心安顿的问题。人心如何安顿？用入世的态度筹划未来，如果实现了，就会感到"如意"；如果没有实现，就会感到"不如意"。因此，人们通常认为"如意"就是幸福，"不如意"就是不幸福。

本书中的很多词是创业者定位咨询中常使用的关键词，这种咨询是通过对话的方式进行的，咨询者要具备较好的聆听能力与较高的认知水平，才能深度聆听来访者的故事。

人生的心田就如一片花园，这片花园如果不去打理，过段时间就会长出各种杂草。人生的心田不仅有小草的种子、灌木的种子，甚至还有大树的种子，生命定位的目的是找到生命花园里的那颗"大种子"。14 种原点扫描术这个工具就是在生命的田野里找种子，找出生命旅程中最大、最光亮、最有能量的种子，找到可以长出参天大树的种子，找到拥有更大使命的种子。

使命是利他的，是贡献这个社会的，是支撑生命成长的，但使命的最终目的是助人完善人格。人要在使命中修炼、完善人格，提升灵魂的质量。

定位的思想早在 2 500 年前中国儒家经典著作《大学》中就有体现。"知止而后有定"，这是最具逻辑性的东方思想。同时，精准定位还吸收及融合了儒释道的思想精华，如"应无所住，而生其心"和"绝利一源，用师十倍；三反昼夜，用师万倍"。

人为什么要找到人生的使命？是为了让生命有意义。当生命被赋予了意义，人才能对生命进行自我诠释。寻找定位与寻找使命是密切相关的，唯有清晰了解了自己的定位和使命，才能为人生导航。

人的一生无论是富贵还是贫贱，都要活得有意义，这包含了人对生命情感的体验和感悟。人生是什么？德国哲学家叔本华曾说："人生就是一团欲望，欲望得不到满足就会痛苦，欲望满足了就会无聊。人生就像钟摆一样，在痛苦和无聊之间摆动。"寻找生命的意义，是当代人的必修课题。

最后感谢晏礼庆总编辑、曾鑫华编辑和张馨予编辑的帮助与斧正，感谢团队伙伴及羽芊、肖丽、晓唯、明哲、海畅、泽明、木子等友人的鼓励与支持！

王景辰

2022 年 10 月 22 日